이호설의 사서삼경과 명심보감 이야기 ①

이호설의 사서삼경과 명심보감 이야기 1
대학, 중용, 명심보감

초판 1쇄 발행 2024년 5월 2일

지은이 이호설
펴낸이 장길수
펴낸곳 지식과감성#
출판등록 제2012-000081호

교정 이주희
디자인 강샛별, 오정은
편집 오정은
검수 정은솔, 이현
마케팅 김윤길, 정은혜

주소 서울시 금천구 벚꽃로298 대륭포스트타워6차 1212호
전화 070-4651-3730~4
팩스 070-4325-7006
이메일 ksbookup@naver.com
홈페이지 www.knsbookup.com

ISBN 979-11-392-1841-1(03140)
값 12,000원

• 이 책의 판권은 지은이에게 있습니다.
• 이 책 내용의 전부 또는 일부를 재사용하려면 반드시 지은이의 서면 동의를 받아야 합니다.
• 잘못된 책은 구입하신 곳에서 바꾸어 드립니다.

지식과감성#
홈페이지 바로가기

대학, 중용, 명심보감

이호설의 사서삼경과 명심보감 이야기 ①

이호설 지음

四書三經

지혜감정

머리말

대학에는 세 가지의 뜻이 있다.

첫째, 고대 중국에서 실시하던 최고 학부에의 교육 기관을 말한다.

소학에 대칭되는 학부로서 泰學(태학), 大學(대학)이라고 일컬어지기도 했으며 漢(한)나라 이후에 확립되었다.

둘째, 大人之學(대인지학)이란 뜻이다.

여기에서 대인이란 君子(군자)나 학문과 德(덕)이 높은 聖人(성인)을 말한다.

셋째, 書名(서명)으로서의 이름이다.

이 책에서 설명된 내용의 책으로서 원래 중국의 예기 四十九(사십구)편 중 四十二(사십이)편으로 들어 있는 것이 있는데, 宋(송)나라 대에 와서 단행본으로 구별되기 시작하여 西漢(서한)의 劉向(유향)이 그의 『別錄(별록)』에서 大學(대학)을 通論類(통론류)에 예입한 것이 처음이고 다음 程顥(정호), 程頤(정이) 형제의 연토를 거쳐 朱熹(주희)의 『대학장구』에서 완전하게 완성되어 『中庸(중용)』, 『論語(논어)』, 『孟子(맹자)』와 같이 四書(사서)라 했으며, 이때부터 모든 학자들의 학술서가 되었다. 그리고 앞에 전술한 최고 학부로서의 대학의 교육 지침을 밝힌 책이기도 하다.

그러면 이 책의 내용은 어떤지 살펴보자.

주희-주자는 『대학장구』에서 대학을 다음의 네 가지로 구분하였다.

첫째, 『大學(대학)』을 「經文(경문)」과 「傳文(전문)」의 두 가지로 나누고 있다.

「경문」은 『대학』의 목적을 논한 明明德 新民 止 於至善의 三綱領과 格物, 致知, 誠意, 正心, 修身, 齊家, 治國, 平天下의 八條目을 다룬 문장이며, 「전문」은 앞의 삼강령과 팔조목을 해설하고 순서를 바꾸고 본문을 교정한 내용으로서 十章으로 나누어져 있다.

둘째, 經은 孔子의 품었던 생각이요, 傳은 孔子의 제자 曾子가 해설한 것을 門人이 기술한 것이라 하며, 공자 학문의 학통을 그 위에 세워 경서로서의 대학의 가치를 사서의 체계 앞에다 확립시켰다.

셋째, 儒家의 基本經典인 四書 중에서 대학을 가장 근본적으로 다루어 유가의 道統을 세웠다.

넷째, 『대학장구』는 古來의 訓詁를 총합했을 뿐

만 아니라 대학의 계통적인 해설을 통하여 유가 사상의 기초로 만들었다는 것이다.

주자는 특히, 致知在格物(치지재격물)에 대한 傳(전)이 없었다 하여 그 전문을 보충한 것이다. 사물의 이치를 연구하여 明知(명지)를 몸에 갖춘다는 것은 학문의 출발점인 동시에 도덕 실천의 중요 문제인 것이다.

정치적인 이상을, 明明德(명명덕)으로 사회적인 이상을 親民(친민)으로 개인적인 이상을 止於至善(지어지선)으로 나타냈으며, 八條目(팔조목)은 대학의 이상에 이르는 순서를 말한다.

학문을 배우고 마음의 수양을 하며 나라를 잘 다스려 천하에 평화를 구현시키는 그 이상이 이 책 안에 담겨 있는 것이다.

이 대학은 대인들의 학문 수련의 기초요, 학문

완성의 마무리인 것이다.

　대학을 통달한 뒤에 다른 경서를 읽으면 모든 것을 쉽게 이해할 수 있다 했으며, 이것은 性理哲學 발전에 중요한 근거가 되었기 때문만은 아니고, 중용의 사상을 종합한 것이며, 따라서 참된 동양의 정치사상을 쉽게 이해할 수 있는 것이다. 그래서 손문은 세계평화는 明德을 밝혀 平天下에 이르는 길이 첩경이라 했다.

　여기에서 우리는 대학을 케케묵은 중국 고대의 학문이라고 생각하기 이전에 대학이 지닌 참된 뜻을 배워 두면 오늘날 사회에서도 옛 학문을 이해함은 물론, 자기 인격 완성과 수양에 이보다 더 좋은 지침서는 없다는 것을 부언으로 첨부하며 대학을 통해서 고대 중국의 역사와 사상도 아울러 이해할 수 있는 계기가 되기를 바란다.

大學之道는 在明明德하여 在親民하여 在止於至善이니라.

○ 대학의 도는 덕을 밝히는 데 있으며 백성을 친하게 하여 지극한 선에 머무름에 있느니라.

知止而後에 有定이니 定而後에 能靜하며 靜而後에 能安하며 安而後에 能慮하며 慮而後에 能得이니라.

○ 머묾을 안 뒤에야 정함이 있나니 정한 뒤에야 고요할 수 있고 고요한 뒤에야 안존할 수 있

고 안존한 뒤에야 생각할 수 있고 생각한 뒤에야 얻을 수 있다.

_{물 유 본 말}　　　_{사 유 종 시}　　　_{지 소 선 후}　　_{칙 근 도}
物有本末하고 **事有終始**하니 **知所先後**면 **則近道**
_의
矣니라.

○ 사물에는 근본과 끝이 있고 마침과 시작이 있으니 먼저 하고 나중에 할 일을 알면 곧 도에 가까워지리라.

도를 알려면 먼저 자신을 알아라. 자신을 알려면 먼저 기도하라. 기도는 어느 종교나 있다. 자기 기도 즉, 영혼, 조상, 천인 삼위일체에 기도하

라. 영혼은 내가 죽으면 영혼이 되고, 조상은 내가 죽으면 조상이 되고, 천인은 내가 죽으면 천인이 되고, 사람이 죽으면 하늘나라로 가니 하늘의 사람은 하느님이시다.

여자, 남자, 아이 할 것 없이 사람은 누구나 죽으면 정신은 하느님 되고, 영혼 되고, 조상이 된다. 즉 자신의 정신은 천인, 영혼, 조상 삼위일체가 된다. 잘 생각해 보라. 사람은 태고에 천인, 즉 하느님이었다. 그 정신이 이어져 사람이 되고 내가 된 것이니, 즉 영혼, 조상, 천인은 나 자신이니라. 단군, 석가모니, 예수 다 나의 정신이다. 나 자신을 믿어라. 자신을 믿으면 무엇인들 안 될 일이 없다.

자신을 믿고 돈도 모으고 돈을 벌어라. 돈을 벌려면 삼계명을 만들어라.

첫째, 자신을 위해 십일조 하고,

둘째, 자신을 위해 술, 담배 하지 말며,

셋째, 자신을 위해 절약하라.

세 가지를 합해서 매달 자신의 통장에 저축하라. 그러면 부자 되어 잘살 수가 있다.

영혼, 조상, 천인의 삼위일체는 자신이고 자기 신이요, 자신의 교니라. 믿고 기도하라. 반드시 하고자 하는 것이 이루어진다. 기도 없이 이뤄지는 것이 없느니라. 기도하라, 반드시 이뤄지느니라.

삼위일체께서 명한 것이 성이요, 성에 따른 것이 도요, 도에 따른 것이 교니라. 세 가지를 합해서 매달 자신의 통장에 저축하라. 그러면 부자 되어 잘살 수가 있다.

영혼, 조상, 천인의 삼위일체는 자신이고 자기

신이요, 자신의 교니라. 믿고 기도하라. 반드시 하고자 하는 것이 이루어진다. 기도 없이 이뤄지는 것이 없느니라. 기도하라, 반드시 이뤄지느니라.

  삼위일체께서 명한 것이 성이요, 성에 따른 것이 도요, 도에 따른 것이 교니라.

목차

머리말 ·················· 4

대학 전문

대학 1강 ·············· 20
대학 2강 ·············· 21
대학 3강 ·············· 22
대학 4강 ·············· 26
대학 5강 ·············· 27
대학 6강 ·············· 28
대학 7강 ·············· 29
대학 8강 ·············· 30
대학 9강 ·············· 32
대학 10강 ············· 34
대학 11강 ············· 36
대학 12강 ············· 38
대학 13강 ············· 41
대학 14강 ············· 43
대학 15강 ············· 46
대학 16강 ············· 49
대학 17강 ············· 52
대학 18강 ············· 54
대학 19강 ············· 56

명심보감

명심보감 1강 ………… 60	명심보감 26강 ………… 85
명심보감 2강 ………… 61	명심보감 27강 ………… 86
명심보감 3강 ………… 62	명심보감 28강 ………… 87
명심보감 4강 ………… 63	명심보감 29강 ………… 88
명심보감 5강 ………… 64	명심보감 30강 ………… 89
명심보감 6강 ………… 65	명심보감 31강 ………… 90
명심보감 7강 ………… 66	명심보감 32강 ………… 91
명심보감 8강 ………… 67	명심보감 33강 ………… 92
명심보감 9강 ………… 68	명심보감 34강 ………… 94
명심보감 10강 ………… 69	명심보감 35강 ………… 95
명심보감 11강 ………… 70	명심보감 36강 ………… 96
명심보감 12강 ………… 71	명심보감 37강 ………… 97
명심보감 13강 ………… 72	명심보감 38강 ………… 98
명심보감 14강 ………… 73	명심보감 39강 ………… 99
명심보감 15강 ………… 74	명심보감 40강 ………… 100
명심보감 16강 ………… 75	명심보감 41강 ………… 101
명심보감 17강 ………… 76	명심보감 42강 ………… 102
명심보감 18강 ………… 77	명심보감 43강 ………… 103
명심보감 19강 ………… 78	명심보감 44강 ………… 104
명심보감 20강 ………… 79	명심보감 45강 ………… 105
명심보감 21강 ………… 80	명심보감 46강 ………… 106
명심보감 22강 ………… 81	명심보감 47강 ………… 107
명심보감 23강 ………… 82	명심보감 48강 ………… 108
명심보감 24강 ………… 83	명심보감 49강 ………… 109
명심보감 25강 ………… 84	명심보감 50강 ………… 111

중용

중용 1강 ………… 114
중용 2강 ………… 119
중용 3강 ………… 122
중용 4강 ………… 124
중용 5강 ………… 126
중용 6강 ………… 128
중용 7강 ………… 130
중용 8강 ………… 132
중용 9강 ………… 134
중용 10강 ………… 136
중용 11강 ………… 138
중용 12강 ………… 139
중용 13강 ………… 141
중용 14강 ………… 143
중용 15강 ………… 145
중용 16강 ………… 147
중용 17강 ………… 149
중용 18강 ………… 151
중용 19강 ………… 153
중용 20강 ………… 154
중용 21강 ………… 156
중용 22강 ………… 158
중용 23강 ………… 160
중용 24강 ………… 162
중용 25강 ………… 164
중용 26강 ………… 166
중용 27강 ………… 168
중용 28강 ………… 169
중용 29강 ………… 171
중용 30강 ………… 173
중용 31강 ………… 175
중용 32강 ………… 177
중용 33강 ………… 180
중용 34강 ………… 182
중용 35강 ………… 185
중용 36강 ………… 186
중용 37강 ………… 187
중용 38강 ………… 188
중용 39강 ………… 189
중용 40강 ………… 191
중용 41강 ………… 193
중용 42강 ………… 196
중용 43강 ………… 198
중용 44강 ………… 201
중용 45강 ………… 203
중용 46강 ………… 204
중용 47강 ………… 206
중용 48강 ………… 208
중용 49강 ………… 210
중용 50강 ………… 211

중용 51강 ·············· 213
중용 52강 ·············· 215
중용 53강 上 ············ 217
중용 53강 下 ············ 219
중용 54강 ·············· 221

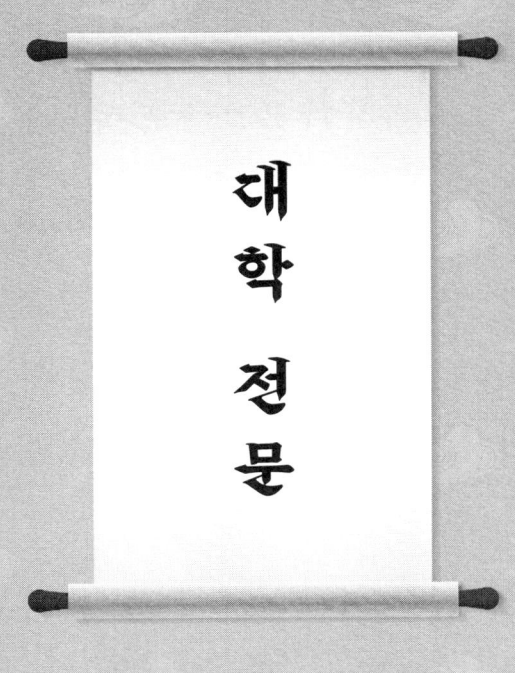

대학 1강

一. 明^명^덕德

康^강誥^고云^운, 克^극明^명德^덕이라 하고 太^태甲^갑云^운, 顧^고諟^시天^천之^지明^명命^명이라 하며 帝^제典^전云^운, 克^극明^명峻^준德^덕이라 하니 皆^개自^자明^명也^야니라.

○「강고」에서 이르기를, "훌륭히 덕을 밝혔다" 하였고「태갑」에서 이르기를, "이 하늘의 밝은 명을 돌아보셨다" 하였고「제전」에서 이르기를, "큰 덕을 밝힐 수 있다"라고 했으니 모두 스스로를 밝힘이니라.

대학 2강

二. 新民^{이 선민}

湯之盤銘云, 苟日新이거든 日日新하고 又日新이라 하며 康誥 云, 作新民이라 하며 詩云, 周雖舊邦이나 其命維新이라 하니 是故로 君子는 無所不用其極이니라.

○ 탕왕의 반명에서 이르기를, "진실로 날로 새로워지면 나날이 새로워지고 또 날로 새롭게 하라" 했고 「강고」에서 이르기를, "새로이 백성을 만드셨다" 했으며 『시경』에서 이르기를, "주 비록 오랜 나라이나 그 명은 새롭기만 하다"라고 했으니 이러므로 군자는 그 극을 쓰지 않는 바가 없는 것이다.

대학 3강

三. 止至善
_{삼 지지선}

詩云, 邦畿千里여 惟民所止라 하며 詩云, 緡蠻
_{시운 방기천리 유민소지 시운 민만}
黃鳥여 止于丘隅라 하였거늘 子曰, 於止에 知
_{황조 지우구우 자왈 어지 지}
其所止니 可以人而不如鳥乎!라고 하시니라.
_{기소지 가이인이불여조호}

○ 『시경』에서 이르기를, "나라의 영토 천 리는 백성들이 머무는 곳일세"라고 하였으며 『시경』에서 또 이르기를, "예쁜 꾀꼬리가 언덕 모퉁이에 머물렀네!" 하였는데 공자가 말하기를, "머무름에 있어 그 머무를 곳을 아나니 가히 사람이면서 새만 같지 못할 수 있겠는가!"라고 하셨다.

詩云, 穆穆文王이여 於緝熙敬止라고 하니 爲人君엔 止於仁하시고, 爲人臣엔 止於敬하시고, 爲人子엔 止於孝하시고, 爲人父엔 止於慈하시고, 與國人交엔 止於信하시니라.

○ 『시경』에서 이르기를, "아아, 끊임없이 밝으시어 안온히 머무시었다!"라고 하였으니 임금이 되어서는 인에 머무셨고, 신하가 되어선 경에 머무셨고, 남의 아들이 되어선 효에 머무셨고, 남의 부가 되어선 자에 머물었으며, 국인과 사귐에는 신에 머무셨던 것이다.

詩云, 瞻彼淇澳하니 菉竹猗猗로다. 有斐君子여 如切如磋하며 如琢如磨라. 瑟兮僩兮며 赫兮喧兮니 有斐君子여 終不可諠兮라 하니 如切

如磋者는 道學也요, 如琢如磨者는 自修也요,
瑟兮僩兮者는 恂慄也오.
詩云, 於戲라 前王不忘이라 하니 君子는 賢其
賢而親其親하고 小人은 樂其樂而利其利하나
니 此以沒世不忘也니라.

○『시경』에서 이르기를, 저 기수의 굽이진 곳 바라보니 푸른 대숲 무성하네. 의젓하신 군자여 깎은 듯 다듬은 듯하네. 쪼은 듯 갈은 듯하네. 점잖고도 위엄 있으시며 훤하고도 뚜렷하시네! 의젓하신 군자님을 내내 잊을 수 없도다. 깎은 듯 다듬은 듯하다는 것은 배움을 말하고, 쪼은 듯 같은 듯하다는 것은 스스로 닦음이요, 점잖고도 위엄 있다는 뜻은 엄하고 빈틈없음이요, 훤하고도 뚜렷하다는 것은 위의요, 의젓하신 군자를 내내 잊을 수 없음은 성덕의 지선함

을 백성들이 잊을 수가 없음을 말한 것이다.

『시경』에서 이르기를, "아아, 앞의 임금을 잊지 못하리로다!" 하였나니 군자는 어진 이를 어질다 하며 친한 이를 친하게 하고, 소인은 그 즐김을 즐기고 그 이익을 이익 되게 하니 이래서 세상을 떠나도 잊지 못하는 것이다.

대학 4강

三. 誠意(삼. 성의)

所謂誠其意者는 毋自欺也니 如惡惡臭하며, 如好好色이 此之謂自謙이니 故로 君子는 必愼其獨也니라.
(소위성기의자 무자기야 여오악취 여호호색 차지위자겸 고 군자 필신기독야)

　○ 이른바 그 뜻을 정성되게 한다는 것은 스스로를 속이지 않는 것이니 고약한 냄새를 싫어함과 같으며, 좋은 색을 좋아하는 것과 같은 것을 스스로 기꺼워하니 때문에 군자는 반드시 그 홀로 있을 때를 삼가는 것이다.

대학 5강

小人이 閑居에 爲不善하야 無所不至하다가 見君子而后에 厭然揜其不善하고 而著其善하나니 人之視己이 如見其肺肝然이니 則何益矣리요, 此謂誠於中이면 形於外니 故로 君子는 必慎其獨也니라.

○ 소인이 혼자 있어 선하지 못한 짓을 하여 이르지 않는 곳이 없다가 군자를 보곤 슬쩍 시치미를 떼고, 그 선하지 못함을 가리고 그 선함을 드러내려 한다. 사람들이 자기를 알아봄이 마치 폐와 간을 봄과 같으니 곧 무슨 이익이 있겠는가. 이런 것을 일러 안에서 정성되면 밖으로 나타난다고 하나니, 그러므로 군자는 반드시 그 홀로 있을 때를 삼가는 것이다.

대학 6강

曾_{증자왈}子曰, 十_{십목소시}目所視며 十_{십수소지}手所指니 其_{기엄호}嚴乎인저

○ 증자가 말하기를, 열 개의 눈이 보는 바이며 열 손가락이 가리키는 바이니 그 엄숙함이여!

富_{부윤옥}潤屋이요, 德_{덕윤신}潤身이니 心_{심광체반}廣體胖하나니 故_고로 君_{군자}子는 必_{필성기의}誠其意니라.

○ 부는 집을 윤택하게 하고 덕은 몸을 윤택하게 하는 것이니 마음이 넓어짐에 몸이 편안한 것이다. 그러므로 군자는 반드시 그 뜻을 정성되게 하는 것이다.

대학 7강

四. 本末 (사본말)

子曰, 聽訟은 吾猶人也나 必也使無訟乎인저 하시니 無情者로 不得盡其辭는 大畏民志니 此謂知本이니라.
(자왈, 청송은 오유인야나 필야사무송호인저 / 무정자로 부득진기사는 대외민지니 차위지본이니라.)

○ 공자가 말하기를, "송사를 처리함에 있어 나도 남과 같으나 반드시 송사가 없게 만들고자 한다"라고 했다. 진실함이 없는 자로 그 말을 다 하지 못하게 하는 것은 백성들의 뜻을 크게 두려워하기 때문이니, 이것을 근본을 앎이라 이르는 것이다.

대학 8강

五. 格物致知 (오 격물치지)

所謂致知在格物者는 言欲致吾之知인댄 在則
(소위치지재격물자) (언욕치오지지) (재즉)
物而窮其理也라. 蓋人心之靈이 莫不有知요,
(물이궁기리야) (개인심지영) (막불유지)
而天下之物이 莫不有理언마는 有於理에 有未
(이천하지물) (막불유리) (유어리) (유미)
窮故로 其知有未盡也니. 是以로 大學始敎에
(궁고) (기지유미진야) (시이) (대학시교)
必使學者로 則凡天下之物하야 莫不因其已知
(필사학자) (즉범천하지물) (막불인기이지)
之理而益窮之하야 以求至乎其極하나니 至於
(지리이익궁지) (이구지호기극) (지어)
用力之久而一旦에 豁然貫通焉則衆物之表裏精
(용력지구이일단) (활연관통언즉중물지표리정
粗 無不到而吾心之全體大用이 無不明矣리니
조) (무불도이오심지전체대용) (무불명의)
此謂知格이며 此謂知之至也니라.
(차위물격) (차위지지지야)

○ 이른바 앎을 깊이 함이 사물을 구명함에 있
다는 것은, 나의 앎을 깊이 하려면 사물에 대하

여 그 이치를 궁구함에 있음을 말한다. 사람 마음의 영명함이 앎이 없을 수 없고, 이 세계의 사물이 이치가 있지 않은 것이 없는데, 다만 그 이치에 채 구명되지 못함이 있기 때문에 그 앎이 미진한 데가 있게 된다.

그러므로 대학에서 맨 먼저 가르침에 반드시 배우는 자로 하여금 천하의 사물에 즉하여 그 이미 알고 있는 이치에 더욱 추구하게 해서 그 궁극에까지 도달하게 했나니, 힘을 씀이 오래되고 나서 일단에 확 트이는 경지에 이르게 되면, 모든 사물의 표와 리, 정과 조가 드러나지 않음이 없이 되고, 내 마음의 온전한 채와 커다란 용이 밝혀지지 않음이 없게 되리니, 이를 두고 '사물이 구명됨'이라 하며 이를 두고 '앎의 투철해짐'이라 한다.

대학 9강

六. 正心修身
(육. 정심수신)

所謂修身이 在正其心者는 身有所忿懥則不得
(소위수신   재정기심자   신유소분치즉불득)
其正하고 有所恐懼則不得其正하고 有所好樂
(기정   유소공구즉불득기정   유소호락)
則不得其正하고, 有所憂患則不得其正이니라
(즉불득기정   유소우환즉불득기정)
心不在焉이면 視而不見하며 聽而不聞하며 食
(심불재언   시이불견   청이불문   식)
而不知其味니라 此謂修身이 在正其心이니라.
(이불지기미   차위수신   재정기심)

○ 이른바 몸을 닦음이 그 마음을 바르게 함에 있다는 것은 마음에 노여워하는 바가 있으면 곧 그 마음을 얻지 못하고, 두려워하는 바가 있으면 그 바름을 얻지 못하고, 좋아하고 즐기는 바가 있으면 곧 그 바름을 얻지 못하고, 걱정하는 바가 있으면 곧 그 바름을 얻지 못하는

것이다. 마음이 있지 않으면 보아도 보이지 않으며 먹어도 그 맛을 알지 못하나니 그래서 몸을 닦음이 그 마음을 바르게 함에 있다고 하는 것이다.

몸을 닦는다는 것은 마음을 바르게 함이요, 노여운 마음이나 분노하는 마음이 있다면 몸을 닦을 수가 없으니 부처님 가운데가 되고 한편 따귀를 맞으면 반대편 따귀도 내놓는 예수의 정신이라야 몸을 닦을 수 있다. 즉, 긍정적인 마음을 가져라. 즐겁게 정하고 맞게 하라.

즐겁게 일을 하다 보니 분노나 노여움 없이 하루는 간다. 이 모든 것은 정신과 마음이다. 자기가 맡은 바를 즐거운 마음으로 하여라.

대학 10강

七. 修身齊家 (칠. 수신제가)

所謂齊其家在修其身者는 人之其所親愛而辟焉하며 之其所賤惡而辟焉하며 之其所畏敬而辟焉하나 之其所哀矜而辟焉하며 之其所敖惰而辟焉하나니 故로 好而知其惡하며 惡而知其美者는 天下에 鮮矣니라. 故로 諺에 有之하니 曰, 人에 莫之其子之惡하며 莫知其苗之碩이라 하니라. 此謂身不修면 不可以齊其家니라.

○ 이른바 그 집안을 바로잡음이 그 몸을 닦는 데 있다고 하는 것은 사람이란 그가 친하고 사랑하는 바에 편벽되며, 그가 친하게 여기고, 미워하는 바에 편벽되며, 그가 두려워하고 공경

하는 바에 편벽되며, 그가 애처롭고 불쌍히 여기는 바에 편벽되며, 그가 오만하게 대하고, 게으리하는 바에 편벽된다는 말이다.

 그러므로 좋아하되 그 나쁜 것을 알아보며, 미워하되 그 좋은 점을 알아보는 사람이란 세상에 드물다. 그래서 속담에 '사람은 그 자식의 악함을 알지 못하며 그 곡식 싹 튼 줄은 알지 못한다'고, 이것은 몸을 닦지 않으면 그 집안을 바로잡을 수 없다는 것이다.

대학 11강

八. 齊家治國 (1)

所謂治國이 必先齊其家者는 其家를 不家敎而
能敎人者는 無之니라. 故로 君子는 不出家而
成敎於國하나니 孝子는 所而事君也요, 弟子는
所以事長也요, 慈者는 所以使衆也니라. 康誥
云, 如保赤者라 하니 心誠求지면 雖不中이나
不遠矣니 未有學養子而後 嫁者也니라.

○ 이른바 나라를 다스림에 반드시 먼저 그 집안을 가지런히 하여야 한다는 것은 그 집안을 가르치지 못하면서 남을 가르칠 수 있는 사람은 없기 때문이다. 그러므로 군자는 집을 나서지 않아도 나라에 가르침을 이루는 것이니. 효

라는 것은 임금을 섬기는 방법이 되고, 제라는 것은 어른을 섬기는 방법이 되고, 자라는 것은 백성을 부리는 방법이 되는 것이다.

「강고」에서 이르기를 "갓난아기를 보호하듯 하라" 하였으니, 마음으로 정성껏 구하면 비록 적중되지는 못하나 멀지는 않을 것이다. 아이 기르는 것을 배운 뒤에 시집가는 사람은 없는 것이다.

 옛날에는 충효는 임금을 모시는 것이었지만 지금의 충효는 나라를 사랑하는 것이다. 효는 가정교육이고 몸을 닦는 데 으뜸이니, 가정에 효가 서면 안 되는 집이 없고, 효가 바르게 서면, 예가 바르고 예가 바르면 나라도 성하게 되느니라.

 옛말에 독서는 기가지본이란 말이 있다. 즉 배우는 것은 집안을 일으키는 근본이고 집안을 다스리는 데 근본이 되느니라.

대학 12강

九. 齊家治國 (2)
   구 제가치국

一家仁이면 一國興仁하고 一家讓이면 一國이
興養하며 一人貧戾하면 一國이 作亂하나니
其機如此하니라. 此謂, 一言이 僨事며 一人이
定國이니라.

○ 한 집안이 어질면 한 나라의 어짊이 일어나고 한 집안이 사양하면 한 나라에 사양함이 일어나고 한 사람이 자기 이익만을 탐하면 한 나라가 어지러움을 일으키나니 그 빌미가 이와 같은 것이다.

이래서 한 마디 말이 일을 뒤엎고 한 사람이 나라를 안정시킨다고 말하는 것이다.

^요^순 ^{솔천하이인} ^{이민} ^{종지} ^걸
堯舜이 率天下以仁하신대 而民이 從之하고 桀
^주 ^{솔천하이폭} ^{이민} ^{종지} ^{기소령}
紂 率天下以暴한대 而民이 從之하니 其所令이
^{반기소호} ^{이민} ^{불종} ^{시고} ^{군자}
反其所好면 而民이 不從하나니. 是故로 君子
^{유제기이후} ^{구제인} ^{무제기이후} ^비
는 有諸己而後에 求諸人하며 無諸己而後에 非
^{제인} ^{소장호신} ^{불서} ^{이능유제인}
諸人하나니 所藏乎身이 不恕이요, 而能喩諸人
^자 ^{미지유야} ^고 ^{치국} ^{재제기가}
者 未之有也니라. 故로 治國이 在齊其家니라.

○ 요임금과 순임금이 천하를 다스리매 인으로써 하셨는데 백성들이 그를 따랐고 걸왕과 주왕은 천하를 다스리매 폭으로써 하였는데 백성들은 그를 따랐다. 그 명령하는 바가 그가 좋아하는 바에 반대되면 백성들은 따르지 않게 된다.

이러므로 군자는 자기에게 그것이 있은 뒤에야 남에게 그것을 구하며 자기에게 그것이 없어진 뒤에야 그것을 비난한다.

몸에 간직하고 있는 바가 아니면서도 그것을 남에게 깨우칠 수 있는 사람은 있지 아니한 것이다. 그러므로 나라를 다스림은 그 집안을 가지런히 함에 있다는 것이다.

대학 13강

十. 齊家治國 (3)

詩云, 桃之夭夭이로다. 之子于歸여 宜其家人이라 하니 宜其家人而后에 可以敎國人이니라.
詩云, 宜兄宜弟而后에 可以敎國人이니라.
詩云, 其儀不忒이라 正是四國이라 하니 其爲父子兄弟足法而后에 民이 法之也니라. 此謂治國이 在齊其家니라.

○『시경』에서 이르기를, 봉숭아나무의 싱싱함이여 그 잎새 무성하네. 아가씨 시집을 가니 그 집안사람 화목게 하리라 했다.

그 집안사람들을 화목하게 한 뒤에야 나라 사람들을 가르칠 수 있을 것이다.『시경』에서 이르기를, "형과 아우를 화목하게 한다" 하였으니 형과 아우가 화목한 뒤에야 나라 사람들을 가르칠 수 있는 것이다.

『시경』에서 이르기를, "그 위의 어긋남이 없으니 이 사방의 나라를 바로잡네"라고 했으니 그 부자와 형제가 되어 족히 본받을 만한 뒤에야 백성들이 그를 본받는 것이다. 이래서 나라를 다스림이 그 집을 가지런히 함에 있다고 하는 것이다.

대학 14강

십일 치국평천하
十一. 治國平天下 (1)

所謂平天下. 在治其國者는 上이 老老而民이 興孝하며 上이 長長而民이 興弟하며 上이 恤孤而民이 不倍하나니. 是以로 君子有絜矩之道也니라. 所惡於上으로 毋以使下하며 所惡於下로 毋以事上하며 所惡於前으로 毋以先後하며 所惡於後로 毋以從前하며 所惡於右로 毋以交於左하며 所惡於左毋以交於右此之謂絜矩之道也니라.

○ 이른바 천하를 화평하게 함이 그 나라를 다스림에 있다는 것은 위에선 노인을 노인으로 대접하면 백성들에 효도가 일어나며 위에서 어

른을 어른으로 대접하면 백성들에 제가 일어나며 위에서 의로운 어른을 불쌍히 여기면 백성들은 배반하지 않게 된다는 것이다. 이러므로 군자는 혈구지도를 지니는 것이다. 위에서 싫어하는 바로써 아랫사람을 부리지 말 것이며 아래서 싫어하는 바로써 위를 섬기지 말 것이며 앞에서 싫어하는 바로써 뒤에 먼저 하지 말 것이며 뒤에서 싫어하는 바로써 앞에 따라가지 말 것이다. 오른편에서 싫어하는 바로써 왼편에 건네지 말 것이며 왼편에서 싫어하는 바로써 오른편에 건네지 말 것이며 이러한 것을 혈구지도라 하는 것이다.

　가정교육의 중요함을 우리는 알아야 한다. 『대학』편에서나 『중용』에서나 『논어』, 『맹자』, 『시경』, 『서경』, 『주역』, 사서삼경에서 가정교육의 중요함을 말하고 있다. 『대학』십장

치국평천하에서도 노인을 대접하고 어른을 대접하라는 구절 등은 가정교육이 잘된 집안에서는 자연스럽지만 그렇지 않은 집에선 자연스럽지 않다. 가정교육에는 효 사상이 으뜸이고 효도하는 집안은 인재가 나고 그 가정은 화목하다.

대학 15강

詩云, 樂只父母라 하니 民之所好를 好之하며
民之所惡을 惡之此之謂民之父母니라.
詩云, 節彼南山이여 維石巖巖이로다. 赫赫師
尹이여 民具爾瞻이라 하니 有國者. 不可以不
愼이니 辟則爲天下僇矣니라.

○『시경』에서 이르기를, 즐거워하라 군자님이여 백성들의 부모시라 하였으니 백성들의 좋아하는 바를 좋아하며 백성들의 싫어하는 바를 싫어하는 것이다. 이래서 백성들의 부모라 말한 것이다.

『시경』에서 이르기를, "우뚝한 저 남산이여 오직 바위만 울퉁불퉁하네" "혁혁하신 사윤이여 백성 모두 당신을 우러르니라" 하였으니 나라를 맡은 사람은 삼가지 않을 수 없는 것이다. 편벽되면 천하의 주륙하는 바가 될 것이다.

詩云, 殷之未喪師에 克配上帝라니 儀監于殷이어다. 峻命不易라 하니 道得衆則得國하고 失衆則失國이니라. 是故로 君子는 先愼乎德이니 有德이면 此有人이요, 有人이면 此有土요, 有土면 此有財요, 有財면 此有用이니라. 德者는 本也요, 財者는 末也니 外本內末이면 爭民施奪이니라. 是故로 財聚則民散하고 財散則民聚니라. 是故로 言悖而出者는 亦悖而出이니라.

○『시경』에서 이르기를, "온 나라가 백성을 잃지 않았을 적에 상제에게 짝 될 수 있었으니

마땅히 온 나라를 거울삼을 지어다. 큰 대명(大命)은 쉽지 않다" 하였으니 민중을 얻으면 곧 나라를 얻게 되고 민중을 잃으면 곧 나라를 잃게 됨을 말한 것이다.

그러므로 군자는 먼저 덕을 쌓아야 한다. 덕이 있으면 이에 사람이 있게 되고, 사람이 있으면 이에 땅이 있게 되고, 땅이 있으면 이에 재물이 있게 되고, 재물이 있으면 이에 쓰임이 있게 된다. 덕이라는 것은 근본이요, 재물이란 것은 말단이다. 근본을 밖으로 하고 말단을 안으로 하면 백성들은 다투어 약탈을 하게 된다. 이러한 고로 재물이 모이면 곧 백성들이 흩어지고 재물이 흩어지면 곧 백성들이 모이는 것이다. 이러한 고로 말이 거슬리어 나간 것은 또한 거슬리어 들어오고 재물이 거슬리어 들어온 것은 역시 거슬리어 나가는 것이다.

대학 16강

十二. 治國平天下 (2)
_{십이 치국평천하}

康誥云, 惟命은 不于常이라 하니 道善則得之
_{강고운 유명 불우상 도선즉득지}
하고 不善則失之矣니라. 楚書云, 楚國은 無以
_{불선즉실지의 초서운 초국 무이}
爲寶요, 惟善을 以爲寶라 하니라. 舅犯曰, 亡
_{위보 유선 이위보 구범왈 망}
人은 無以爲寶요, 仁親을 以爲寶라 하니라.
_{인 무이위보 인친 이위보}
秦誓云, 若有一介臣이 斷斷兮요, 無他技나 其心
_{진서운 약유일개신 단단혜 무타기 기심}
이 休休焉혼지 其如有容焉이라. 人之有技를 若
_{휴휴언 기여유용언 인지유기 약}
己有之하며 人之彦聖을 其心好之 不啻若自其口
_{기유지 인지언성 기심호지 불시약자기구}
出이면 寔能用之라. 以能保我子孫黎民이니 尙
_{출 식능용지 이능보아자손여민 상}
亦有利哉인저 人之有技를 媢疾以惡之하며 人
_{역유이재 인지유기 모질이악지 인}
之彦聖을 而違之하야 俾不通이면 寔不能容이
_{지언성 이위지 비불통 식불능용}
라. 以不能保我子孫黎民이니 亦曰殆哉인저.
_{이불능보아자손여민 역왈태재}
唯仁人이야 放流之하야 迸諸四夷하야 不與同
_{유인인 방류지 병제사이 불여동}

中國하나니 此謂唯仁人이야 爲能愛人하며 能惡人이니라.

○「강고」에서 이르기를, "오직 명은 불변하지 아니하다" 하였으나, 선하면 그것을 얻고 선하지 못하면 그것을 잃음을 말한 것이다.

「초서」에서 이르기를, "초나라는 보배로 삼을 것이 없고 오직 선으로써 보배를 삼는다" 하였다. 구범이 말하기를, "망명하는 사람에게는 보배로 삼을 만한 것이 없고 어짊과 친밀함을 보배로 삼는다" 하였다.

「진서」에서 이르기를, "만약 한 꿋꿋한 신하가 있어 정말로 다른 재주는 없으나 그 마음이 착하기만 하면 그와 같은 이는 받아들임이 있는 것이요, 남이 가진 재주를 자기가 그것을 가진 듯이 하며 남의 뛰어나고 어짊을 그 마음으로부터 그것을 좋아하여 그의 입으로 나오는 것 같음에 그치지 아니하면 이는 받아들일 수 있는 것이니, 이로써 우리 자손과 백성들을 보전할 수 있으면 또한 이로움이 있게 할 것이오. 남의 재주 있는 것을 시새워서 그를 미워하며 남의 뛰어나고 어짊을 거슬리어 통하지 못하게 한다면 이는 받아들이지 못하는 것이니, 그로써 우리 자손과 백성들을 보전할 수 없을 것이며 또한 위태롭다 할 것이오" 라고 했다. 오직 어진 사람만이 이들을 몰아내어 사방 오랑캐의 곳으로 쫓아서 함께 중국에서 살아가지 못하게 한다. 이래서 "오직 어진 사람만이 사람을 사랑할 수 있고 사람을 미워할 수 있다"라고 말하는 것이다.

대학 17강

십삼 치국평천하
十三. 治國平天下 (3)

見賢而不能擧하며 擧而不能先이 命也요, 見不善而不能退하며 退而不能遠이 過也니라. 好人之所惡하며 惡人之所好. 是謂拂人之性이라 災必逮夫身이니라.
是故로 君子 有大道하니 必忠信以得之하고 驕泰以失之니라. 生財 有大道하니 生之者衆하고 食之者 寡하며 爲之者 疾하고 用之者 舒하면 則財恒足矣리라.

○ 어진 이를 보고도 등용하지 못하고, 등용하되 먼저 하지 못하는 것은 태만함이고 착하지 못한 이를 보고도 물리치지 못하고, 물리치되

멀리하지 못함은 허물인 것이다.

　남이 싫어하는 것을 좋아하며 남이 좋아하는 바를 싫어하는 것. 이것을 사람의 본성을 어기는 것이라 하는 것이니 재앙이 반드시 자신에게 미치고야 말 것이다.

　이런 고로 군자에게는 큰 도가 있으니 반드시 충성과 믿음으로써 그것을 얻고 교만함과 건방짐으로써 그것을 잃게 될 것이다. 재물을 불림에 대도가 있으니, 생산하는 자 많고 그것을 먹는 자 적으면 만드는 사람은 민활히 하고, 쓰는 자 더디면 곧 재물은 항상 풍족하다는 것이다.

대학 18강

十四. 治國平天下 (4)

仁者는 以財發身하고 不仁者는 以身發財니라
未有上好仁而下好義者也니 未有好義요, 其事
不終者也며 未有府庫財非其財者也니라.
孟獻者曰, 畜馬乘은 不察於鷄豚하고 伐氷之家
는 不畜牛羊하고 百乘聚斂之臣하나니 與其有
聚斂之臣으론 寧有盜臣이라 하니 此謂國은 不
以利爲利요, 以義爲利也니라.

○ 어진 사람은 재물로써 몸을 일으키고 어질지 못한 자는 몸으로써 재물을 일으킨다. 위에서 어짊을 좋아하는데도 아래서 의로움을 좋아하지 않는 일은 있지 아니하니 의로움을 좋아

하는데도 그 일이 끝마쳐지지 않는 일은 있지 아니하며 부고의 재물이 그의 재물로 안 되는 일도 있지 아니한 것이다.

　맹헌자가 말하기를, 마승을 기르게 된 이는 닭, 돼지 따위를 살피지 아니하고 얼음을 베어 가는 집안은 소, 양을 기르지 아니하고 백승의 집에서는 취렴하는 신하를 기르지 아니한다.

　취렴하는 신하를 가질 바에 차라리 도둑질하는 신하를 가질 것이다. 이래서 나라는 이로써 이로움을 삼지 아니하고 의로써 이로움을 삼는다고 말하는 것이다.

대학 19강

十五. 治國平天下 (5)
(십오. 치국평천하)

長國家而務財用者는 必自小人矣니 彼爲善之
(장국가이무재용자) (필자소인의) (피위선지)
하야 小人之使爲國家면 災害. 並至라 雖有善
   (소인지사위국가)   (재해) (병지) (수유선)
者나 亦無如之何矣니 此爲國은 不以利爲利요,
(자) (역무여지하의) (차위국) (불이리위리)
以義爲利也니라.
(이의위리야)

○ 국가의 우두머리가 되어 재물을 씀에 힘쓰는 자는 반드시 소인들로 말미암을 것이다. 그가 하는 것은 그것을 잘하는 것이라 하여 소인들로 하여금 국가 일을 하게 하면 재해가 아울러 이를 것이다. 비록 잘한 것이 있다 하더라도 또한 그것을 어찌할 수가 없는 것이다.

 이래서 나라는 이로써 이로움을 삼지 아니하

고 의로써 이로움을 삼는다고 하는 것이다. 국가의 위정자가 돈만 밝히면 그 나라는 어지러워지느니 각 위정자가 돈을 벌어 사리사욕만 차린다면 그 나라 백성은 어지러운 사회가 될 것이다.

위정자들은 덕으로써 정치를 해야 하는데도 재물을 위정자의 곳간을 채우는 정치를 한다면 백성들은 흩어지고 인구는 없어지니 나라는 망하고 마느니라. 고로 위정자는 의와 덕으로써 정치를 하여야 하느니라.

영혼, 조상, 천인 삼위일체께서는 선한 자에게는 복을 주시고 악한 자에게는 화를 주신다.

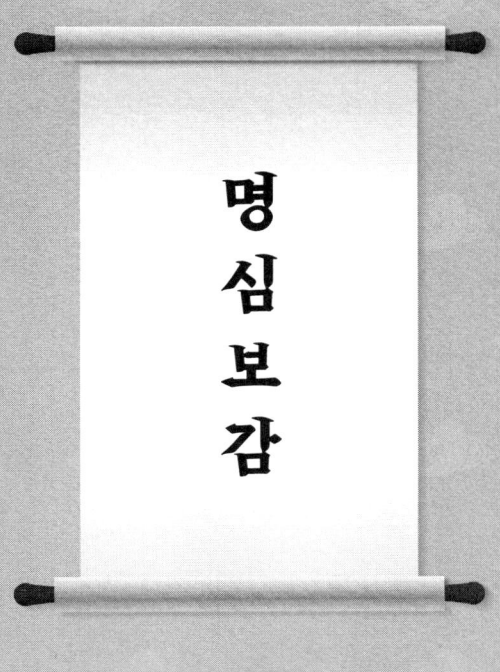

명심보감 1강

子曰, 爲善者는 天報之以福하고 爲不善者는
天報之以禍니라.

○ 공자가 말하기를, 착한 일을 하는 사람에게는 하늘이 복을 내려 보답하고 악한 일을 하는 사람에게는 하늘이 화를 내려 보답한다. 『명심보감』은 고려시대 어린이들의 인격 수양을 위해 중국 고전에서 선현들이 금언과 명구를 편집하여 만든 책으로 사서삼경에서 나오는 문장이 많이 들어 있다.

명심보감 2강

漢昭烈이 將終에 勅後主에 曰, 勿以善小而不爲하고 勿以惡小而爲之하라.

○ 한나라에 소열황제가 죽으면서 후주에게 조칙을 내려 말했다. 선이 작다고 하여 하지 않아서는 안 되며 악이 작다고 하여 쉽게 해서는 안 된다. 선한 일 선행을 한결같이 사랑하여라.

명심보감 3강

莊子曰, 一日不念善이면 諸惡이 皆自起니라.
<small>장자왈 일일불념선   제악   개자기</small>

○ 장자가 말하기를, 하루라도 선한 것을 생각하지 않으면 모든 악한 것들이 스스로 일어난다. 악한 말을 들으면 못 들은 것같이 하고 선한 말을 들으면 귀담아들어라.

명심보감 4강

太公曰, 見善如渴하고 聞惡如聾하라. 又曰, 善事는 須貪하고 惡事는 莫樂하라.
(태공왈, 견선여갈, 문악여롱, 우왈, 선사 수탐, 악사 막락)

○ 태공이 말하기를, 선한 일을 보면 목마른 것같이 하며 악한 일을 들으면 귀머거리처럼 하라. 아울러 선한 일이면 모름지기 탐내고 악한 일은 결코 하지 말라. 선한 일은 술, 담배 하지 말며 집안 손해나 피해가 없게 하는 것이 제일이다. 술, 담배 끊는 것은 영혼, 조상, 천인 삼위일체에게 기도하라. 기도는 반드시 이루어진다. 덕을 쌓아라. 덕은 값진 유산이니라.

명심보감 5강

司馬溫公曰, 積金以遺子孫이라도 未必子孫이 能盡守요, 積書以遺子孫이라도 未必子孫이 能盡讀이니 不如積陰德於冥冥之中하여 以爲子孫之計也니라.

○ 사마온공이 말하기를, 돈을 모아 자손에게 물려주더라도 그 자손이 반드시 그것을 지킨다고 할 수 없으며 책을 모아 자손에게 물려주더라도 그 자손이 반드시 다 읽는다고 볼 수 없다. 남모르는 가운데 음덕을 쌓아서 자손을 위해 계책을 삼는 것만 못하다.

명심보감 6강

馬援曰, 終身行善이라도 善猶不足이요, 一日 行惡이라도 惡自有餘니라.

○ 마원이 말하기를, 평생 동안 선을 행하더라도 선은 오히려 부족하지만, 단 하루만 악을 행하더라도 악은 스스로 남음이 있다.

명심보감 7강

景行錄云, 恩義를 廣施하라. 人生何處不相逢이라. 讐怨을 莫結하라. 路逢狹處면 難回避니라.

○『경행록』에서 이르기를, 은혜와 의리를 널리 베풀어라. 사람이 살아가노라면 어디에서건 만나지 않으랴. 원수와 원한을 맺지 말라. 좁은 길에서 만나게 되면 피하기가 어렵다.

명심보감 8강

東岳聖帝垂訓曰, 一日行善이면 福雖未至나 禍自遠矣요, 一日行惡이면 禍雖未至나 福自遠矣니 行善之人은 如春園之草하여 不見其長이라도 日有所增하고 行惡之人은 如磨刀之石하여 不見所虧이니라.

○ 동악성제가 말하기를, 하루 동안 선을 행하면 복은 미처 이르지 않더라도 화는 스스로 멀어진다. 하루 동안 악을 행하면 화는 미처 이르지 않더라도 복은 스스로 멀어진다. 선을 행하는 사람은 마치 봄 동산의 수풀처럼 그 자라는 것이 보이지는 않아도 나날이 더해 가지만 악을 행하는 사람은 마치 칼을 가는 숫돌처럼 마모되어 가는 것이 보이지는 않아도 나날이 닳게 된다.

명심보감 9강

莊子曰, 於我善者도 於我善之하고 於我惡者도
我亦善之니라. 我旣於人에 無惡이면 人能於我
에 無惡哉인저.

○ 장자가 말하기를, 나에게 선하게 행하는 사람에게 나 역시 선하게 대하고 나에게 악하게 행하는 사람에게도 선하게 대하라. 내가 이미 남에게 악한 일을 하지 않으면 남도 나에게 악하게 할 수 없기 때문이다. 선하지 못한 일을 보면 끓는 물과 같이 보라.

명심보감 10강

子曰, 見善如不及하고 見不善如探湯하라.
<small>자 왈　견 선 여 불 급　　　견 불 선 여 탐 탕</small>

○ 공자가 말하기를, 선한 일을 보면 미처 미치지 못하는 것처럼 하고 선하지 못한 일을 보면 마치 끓는 물을 만지는 것처럼 하라. 영혼, 조상, 천인 삼위일체시여 저에게 슬기와 지혜를 주시고 악에서 구하소서. 내가 죽으면 영혼, 조상, 천인 삼위일체시여 늘 나와 함께하시니, 악에서 구하시고 슬기와 지혜를 주시어 슬기롭고 지혜로운 삶을 살게 하시고 모든 일이 잘 되고 건강, 은총 주시고 선한 길로 인도하소서.
　하늘의 뜻에 거역하지 말라. 영혼, 조상, 천인 삼위일체께 거역하지 말라.

명심보감 11강

孟子曰, 順天者는 存하고 逆天者는 亡하니라.
(맹자왈, 순천자는 존하고 역천자는 망)

○ 맹자가 말하기를, 하늘의 뜻에 순종하는 사람은 살고 하늘에 뜻에 거역하는 사람은 망한다. 영혼, 조상, 천인 삼위일체의 마음이 그대의 마음이고 그대의 정신이다.

명심보감 12강

康節昭 先生曰, 天聽이 寂無音하나니. 蒼蒼何處尋고 非高亦非遠이라. 都只在人心이니라.

○ 강절소 선생이 말하기를, 하늘이 들으심은 너무나 고요하여 소리가 없다. 푸르디푸른 저 것을 어디에서 찾을 것인가. 또한 높지도 멀지도 않으나 모두가 사람의 마음속에 있는 것을 하늘의 마음이 곧 그대의 마음이니라.

명심보감 13강

玄帝垂訓云, 人間私語라도 天聽은 若雷하고
暗室欺心이라도 神目은 如電이니라.

○ 현제의 「수훈」에서 이르기를, 사람의 사사로운 말도 하늘의 들으심은 우레와 같다. 캄캄한 방에서 마음을 속이더라도 귀신의 눈은 번개와 같다. 영혼, 조상, 천인 삼위일체시고 나의 정신이니 자신에게 기도하라. 기도는 자신의 도를 알고 교를 안다. 슬기와 지혜를 얻을 것이니 늘 기도하라.

명심보감 14강

益智書云, 惡鑵이 若滿이면 天必誅之니라.
<small>익지서운 악관   약만   천필주지</small>

　○『익지서』에서 이르기를, 악한 마음으로 가득 차게 되면 하늘이 반드시 베어 버린다. 영혼, 조상, 천인 삼위일체는 정신이다. 정신은 나와 함께하시고 자신의 정신을 믿는 자는 모든 일이 잘될 것이며 삼위일체께 늘 기도하라. 슬기와 지혜를 얻을 것이다. 슬기와 지혜는 금은보화보다 위에 있고 왕좌보다도 위에 있다. 삼위일체께 늘 기도하라. 얻을 것이다.

명심보감 15강

莊子曰, 若人이 作不善하여 得顯名者는 人雖
不害나 天必戮之니라.

○ 장자가 말하기를, 만약 선하지 못한 일을 하여 세상에 이름을 떨친 자가 있다면, 사람은 비록 그를 해치지 못하더라도 하늘이 그를 죽이고 만다.

명심보감 16강

種⁽종⁾瓜⁽과⁾得⁽득⁾瓜⁽과⁾요, 鐘⁽종⁾豆⁽두⁾得⁽득⁾豆⁽두⁾니. 天⁽천⁾網⁽망⁾이 灰⁽회⁾灰⁽회⁾하여 疎⁽소⁾
而⁽이⁾不⁽불⁾漏⁽루⁾니라.

○ 오이씨를 심으면 오이를 얻고 콩을 심으면 콩을 얻는다. 하늘의 그물은 한없이 넓어 성긴 듯 보이지만 그 무엇도 새어 나갈 수가 없다.

명심보감 17강

子曰, 獲罪於天이면 無所禱也니라.
(자왈) (획죄어천) (무소도야)

○ 공자가 말하기를, 하늘에 죄를 얻으면 빌 곳이 없도다.

명심보감 18강

子曰, 死生이 有命이요 富貴在天이니라.
_{자왈 사생   유명   부귀재천}

○ 공자가 말하기를, 죽고 사는 것은 그 명에 있고 부자가 되고 귀하게 되는 것은 하늘에 있다.

명심보감 19강

萬事分己定이거늘 浮生이 空自忙이니라.
_{만 사 분 기 정   부 생   공 자 망}

○ 모든 일은 이미 그 분수가 정해져 있는데도 세상 사람들은 부질없이 스스로 바쁘다.

명심보감 20강

景行錄云, 禍不可倖免이요, 福不可再求니라.
<small>경 행 록 운　화 불 가 행 면　　복 불 가 재 구</small>

　○『경행록』에서 이르기를, 화는 요행으로 면할 수가 없고 복은 두 번 다시 구할 수가 없다. 요행으로 복을 바라지 말라. 영혼, 조상, 천인 삼위일체를 믿고 기도하면 복은 따라온다. 삼위일체는 사람의 정신이고 태고 이전부터 있어 우주만물을 창조하시었다. 삼위일체께서 우주만물을 창조하신 슬기와 지혜는 무한하다. 삼위일체께 기도하고 믿어라. 반드시 슬기와 지혜를 얻을 것이다.

명심보감 21강

^{시 래 풍 송 등 왕 각} ^{운 퇴 뇌 굉 천 복 비}
時來風送騰王閣이요, **運退雷轟薦福碑**라.

○ 때가 오면 바람이 등왕각으로 보내 주고 운이 나가면 벼락이 천복비를 때린다.

명심보감 22강

列子曰, 痴聾痼瘂도 家豪富요, 智慧聰明도 却受貧이라. 年月日時 該載定하니 算來由命不由人이니라.

○ 열자가 말하기를, 어리석고 귀먹은 벙어리라도 크게 부유할 수 있고 지혜롭고 총명한 사람이 오히려 가난할 수가 있다. 모든 것은 그때에 이미 정해져 있어서 따져 보면 모든 것은 운명에서 비롯된 것이지 사람에게서 비롯된 것이 아니다. 따져 보면 모든 것은 운명이다. 허나 운명이란 지극히 어려운 것이니, 그 원인과 근본이 있다. 근본과 원인을 잘 따져 보라. 슬기와 지혜가 있는 사람은 가난하게 살 수가 없다.

명심보감 23강

子曰, 孝子之事親也에 居則致其敬하고 養則致其樂하고 病則致其憂하고 喪則致其哀하고 祭則致其嚴이니라.

○ 공자가 말하기를, 효자가 어버이를 섬기는 일은 기거함에 있어서는 공경을 다해야 하고, 봉양함에 있어서는 즐거움을 다해야 하며, 병 들었을 때에는 근심을 다해야 하고, 돌아가실 때에는 슬픔을 다해야 하며, 제사 지낼 때에는 엄숙함을 다해야 한다. 효도로써 어버이를 섬겨라. 지금의 효도는 부모님이 걱정을 안 하게 하고 편안하게 하는 것이다.

명심보감 24강

詩云, 父兮生我하시고 母兮鞠我하시니 哀哀父母여 生我劬勞셨다. 欲報之德인대 昊天罔極이로다.

○『시경』에서 이르기를, 아버지 나를 낳으시고 어머님 나를 기르시니 애달프다, 부모님이시여. 나를 낳아 기르시느라 애쓰시고 수고로우셨네. 그 은혜 갚고자 하느니 드넓은 하늘처럼 끝이 없네. 부모님이 나를 낳으시고 기르시느라 수고로우셨네. 그 은혜 끝이 없어라.

명심보감 25강

子曰, 父命呼시거든 唯而不諾하며 手執業則投之하고 食在口則吐之하고 走而不趨니라.

○ 공자가 말하기를, 아버지께서 부르시면 즉시 대답하여 머뭇거리지 말라. 손에 일감을 잡았다면 던져 버리고 음식이 입에 들었다면 토해 내고 달려가라. 그러나 결코 내닫지는 말아야 한다. 모든 것은 가정에서 시작되는 것이므로 가정의 예법을 배워야 한다. 가정의 예법은 효도다. 옛날에는 충효의 예의를 우선하였지만, 지금은 가정에서 자신을 우선해야 한다. 자신이 잘되어야 가정이 잘되고, 가정이 잘되면 사회도 잘되고, 나라도 잘된다.

명심보감 26강

子曰, 父母在시거든 不遠遊하며 遊必有方이니라.
(자왈 부모재   불원유   유필유방)

○ 공자가 말하기를, 부모가 살아 계시면 멀리 가서 놀지 않을 것이며 놀 때에는 반드시 일정한 곳에 있어야 한다.

명심보감 27강

太公曰, 孝於親이면 子亦孝之하나니. 身旣不孝면 子何孝焉이리오.

○ 태공이 말하기를, 자신이 어버이에게 효도하면 자식 또한 나에게 효도한다. 자신이 어버이에게 효도하지 않는다면 자식 또한 나에게 효도할 수 있겠는가. 저 처마 끝에 떨어지는 낙숫물을 보라. 방울방울 떨어지는 낙숫물은 변함이 없다.

명심보감 28강

孝順은 還生孝順子요, 五逆은 還生五逆子라.
不信커든 但看簷頭水하라. 點點滴滴不差移니라.

○ 효도하고 순종하는 사람은 또한 효도하고 순종하는 자식을 낳을 것이며, 어버이의 뜻을 거스르는 사람은 또한 어버이의 뜻을 거스르는 자식을 낳을 것이다. 믿기지 않는다면 저 처마 끝의 낙숫물을 보라. 방울방룰 떨어져 내림이 조금도 어긋남이 없다.

명심보감 29강

^{경행록운} ^{대장부} ^{당용인} ^{무위인소용}
景行錄云, 大丈夫는 當容人이언정 無爲人所容이니라.

○『경행록』에서 이르기를, 대장부는 남을 용서할지언정 남의 용서를 받는 사람이 되어서는 안 된다. 용서받았다면 죄인이다. 죄인이 되지 말아라. 잘못을 하면 그 죗값을 치러야 하는 것이다.

명심보감 30강

性理書云, 見人之善이거든 而尋己之善하고 見人之惡이거든 而尋己之惡이니. 如此라야 方是有益이니라.
_{성리서운 견인지선 이심기지선 견인지악 이심기지악 여차 방시 유익}

○『성리서』에서 이르기를, 남의 선한 일을 보면서 선을 찾고 남의 악한 일을 보면서 나의 악을 찾으라. 그것이 나를 돕는 길이다. 다른 사람의 선을 보고, 나의 악이 있는지 찾아보고, 남의 악을 보고, 나의 선을 행하라.

명심보감 31강

太公曰, 勿以貴己而賤人하고 勿以自大而蔑小하고 勿以恃勇而輕敵이니라.

○ 태공이 말하기를, 나를 귀하게 여김으로써 남을 천하게 여기지 말 것이며, 나를 크다고 여겨 남의 작음을 멸시하지 말 것이며, 나의 용기를 믿고 적을 가볍게 보지 말라. 자신을 존경하고 자신을 사랑하라. 자신을 천하게 여기고 자신을 사랑하지 않는데, 그 누가 존경하고 사랑하겠느냐.

명심보감 32강

馬援曰, 聞人之過失이거든 如聞父母之名하여
耳可得聞이언정 口不可言也니라.

○ 마원이 말하기를, 남의 과실을 듣게 되면, 마치 부모의 이름을 들은 것처럼 하여 귀로 듣기만 하고 입으로 말하지 말라. 타인의 과실은 듣지도 말고 말하지도 말라. 타인의 과실을 말하는 것은 어리석음에서 오는 것이니라.

명심보감 33강

康節昭 先生曰, 聞人之謗이라도 未嘗怒하며 聞人之譽라도 未嘗喜하며 聞人之惡이라도 未嘗和하고 聞人之善 則就而和之하고 又從而喜之니라. 其詩云, 樂見善人하며 樂聞善事하며 樂道善言하며 樂行善意하고 聞人之惡이거든 如負芒刺하고 聞人之善이거든 如佩蘭蕙니라.

○ 강절소 선생이 말하기를, 남에게 비난을 받더라도 화내지 말며, 남에게 칭찬을 듣더라도 기뻐하지 말라. 남의 악을 듣더라도 맞장구치지 말며, 남의 선을 들으면 나가서 회답하고 함께 기뻐하라. 그 시는 다음과 같다.

선한 사람 보기를 즐겨 하고,
선한 일 듣기를 즐겨 하며,

선한 뜻 행하기를 즐겨 하라.
남의 악을 들으면,
가시덤불을 등에 진 것같이 하고,
남의 선을 들으면,
난초를 몸에 지닌 것같이 하라.

명심보감 34강

子曰, 道吾善者는 是吾賊이요, 道吾惡者는 是吾師이니라.
(자왈 도오선자 시오적 도오악자 시오사)

○ 공자가 말하기를, 나를 착하다고 말하여 주는 사람은 내게 해로운 사람이며, 나를 나쁘다고 말하여 주는 사람은 나의 스승이다.

명심보감 35강

景行錄云, 保生者는 寡慾하고 保身者는 避名이니 無慾은 易나 無名은 難이니라.

○『경행록』에서 이르기를, 삶을 보전하려는 사람은 욕심이 적어야 하고 몸을 보전하려는 사람은 유명해지는 것을 피해야 한다. 욕심을 없게 하기는 쉽지만 이름을 숨기기는 어렵다. 나를 사랑하고 존경하라. 나를 귀하게 여기고 겸손하라. 과욕하지 말아라. 과욕은 몸을 보전하기 어렵다. 가정을 사랑하고 부인을 사랑하라. 그러면 집안이 편안하고 하고자 하는 일이 잘된다.

명심보감 36강

子曰, 君子有三戒하니 少之時에는 血氣未定이
라 戒之在色이요, 及其壯也하여는 血氣方剛이
라 戒之在鬪요, 及其旣衰라 戒之在得이니라.

○ 공자가 말하기를, 군자에게는 세 가지 경계해야 할 것이 있다. 연소할 때에는 혈기가 정해지지 않았기 때문에 여색을 경계해야 하고, 장성하여서는 혈기가 왕성하기 때문에 남과 싸우는 것을 경계해야 하며, 노년에 들어서는 혈기가 이미 쇠하기 때문에 물욕을 탐하는 것을 경계해야 한다.

명심보감 37강

孫眞人 養生銘云, 怒甚偏傷氣요, 思多太損神이라. 神疲心易役이요, 氣弱病相因이라. 勿使悲歡極하고 當令飮食均하며 再三防夜醉하고 第一戒晨嗔하라.

○ 손진인의 『양생명』에서 이르기를, 기쁨이 크다고 하여 너무 크게 기뻐하지 말고 중용을 지켜라. 슬픔이 크다고 크게 슬퍼하지 마라. 모든 것은 먼 길을 갈 때 첫걸음과 같이 중용의 마음으로 기쁨과 슬픔도 하라. 그렇지 않으면 화를 당할 수도 있다.

명심보감 38강

太公曰, 勤爲無價之寶요, 愼是護身之符니라.

○ 근면은 값으로 따질 수 없는 보배이며, 신은 몸을 보호하는 부적이다. 근면은 값이 없고, 근신은 자신의 몸과 마음을 지키는 것이다. 자신의 정신을 믿고 기도하고 배워라. 안 되는 일은 없다.

명심보감 39강

景行錄云, 食淡精神爽이요, 心淸夢寐安이니라.

○『경행록』에서 이르기를, 담백하게 먹으면 정신이 맑아지고, 마음이 맑아지면 잠자리가 편안하다. 잠자리가 편안하다는 것은 잠을 잘 자는 것이니, 잠을 잘 자면 건강해진다. 잠을 잘 자려면 집안이 화평하여야 한다. 집안이 화목하고 편안하려면 가정에 믿음이 있어야 한다. 그 믿음은 자신을 믿는 것이다.

명심보감 40강

^{경 행 록 운} ^{정 심 응 물} ^{수 불 독 서} ^{가 이 위}
景行錄云, 定心應物이며 雖不讀書라도 可以爲
^{유 덕 군 자}
有德君子니라.

○ 『경행록』에서 이르기를, 안정된 마음으로 사물에 응하면 비록 책을 읽지 않았더라도 덕 있는 군자가 될 수 있다. 안정되려면 가정을 잘 다스려야 한다. 가정의 화목은 말부터 시작된다. 즉, 고운 말을 써야 한다. 가장은 부인에게 존대를 써야 하며, 아이들과도 사랑하는 마음으로 대화하여야 한다. 부모님도 사랑으로 모셔야 한다. 그리고 자신의 정신을 믿고 기도하고 배워야 한다.

명심보감 41강

近思錄云, 懲忿을 如救火하고 窒慾을 如防水하라.
_{근사록운 징분 여구화 질욕 여방수}

○『근사록』에서 이르기를, 분노를 삭이기를 불 끄듯이 하고 욕심 막기를 물 막듯이 하라.

명심보감 42강

夷堅志云, 避色如避讐하고 避風如避箭하라.
莫喫空心茶하고 少食中夜飯하라.

○ 『이견지』에서 이르기를, 여색 피하기를 원수 피하듯이 하고, 바람 피하기를 화살 피하듯이 하라. 빈속에 차를 마시지 말고, 한밤에는 밥을 적게 먹어야 한다.

명심보감 43강

^{순자왈} ^{무용지변} ^{불급지찰} ^{기이불치}
荀子曰, 無用之辯과 不急之察을 棄而不治하라.

○ 순자가 말하기를, 쓸데없는 말과 급하지 않은 일은 버려두고 간섭하지 말라. 말은 사랑이 담긴 말로 존경하는 마음으로 써라. 말은 아낄수록 값지니라.

명심보감 44강

子曰, 衆이 惡之라도 必察焉하며 衆이 好之라
도 必察焉하라.

○ 공자가 말하기를, 많은 사람이 미워하더라도 반드시 살펴볼 것이며, 많은 사람이 좋아하더라도 반드시 살펴보아야 한다. 슬기와 지혜를 배워라. 그러면 정확한 판단을 내리고 모든 사물을 살펴볼 수 있다.

명심보감 45강

酒中不言은 眞君子요 財上分明은 大丈夫니라.
_{주중불언   진군자   재상분명   대장부}

○ 술에 취했어도 말이 없어야 참다운 군자이며, 재물 앞에서 분명하게 하는 것이 대장부이다. 술과 담배를 끊어라. 건강에 문제가 생긴다. 끊으려면 자신을 믿고 기도하고 배워라. 스스로가 술, 담배를 하지 않게 해 달라고 기도하는데, 안 들어줄 정신은 없다. 자신의 정신은 신이다. 신은 초자연적이고 위력자이다. 기도하라. 믿어라. 배워라. 반드시 들어주신다.

명심보감 46강

萬事從寬이면 其福이 自厚니라.
_{만 사 종 관   기 복   자 후}

○ 모든 일을 너그럽게 대하면 그 복은 저절로 두터워진다. 모든 일을 긍정적으로 대하면 긍정적으로 인정되지만 부정적으로 보면 부정적으로만 보인다. 중용으로 보라. 중용은 슬기와 지혜가 있어야 중용으로 볼 수 있다. 자신의 신을 믿고 배우고 기도하라. 그러면 모든 일이 잘되고 복은 저절로 들어온다.

명심보감 47강

凡戱는 無益이요, 惟勤이 有功이니라.
_{범 희　　무 익　　　유 근　　유 공}

○ 놀고 있으면 이익이 없지만, 부지런하면 공이 있다. 속담에 이런 말이 있다. "부지런한 사람에게는 일주일에 일곱 개의 오늘이 있고, 게으른 사람에게는 일곱 개의 아침만 있다"

명심보감 48강

太公曰, 瓜田에 不納履요, 李下에 不正冠이니라.
(태공왈) (과전) (불납리)   (이하) (부정관)

○ 태공이 말하기를, 참외밭에서 신발 끈을 고쳐 매지 말고, 오얏나무 아래에서 갓을 고쳐 쓰지 말라. 의심받을 일은 하지 말라. 의심이 지나치면 마음에 병이 생긴다. 마음의 병에는 약이 없다. 중용에 "마음에 생긴 병은 믿음으로 고치라"라고 한다. 무엇을 믿을 것인가. 자신을 믿어라. 자신의 신은 초자연적이다. 자신의 정신, 신을 믿고 기도하고 배워라.

명심보감 49강

景行錄云, 心可逸이언정 形不可不勞요, 道可樂이언정 心不可不憂니라. 形不勞則怠惰易弊하고 身不憂則荒淫不定이라. 故로 逸生於勞而常休하고 樂生於憂而無厭하나니. 逸樂者는 憂勞를 豈可忘乎아.

○『경행록』에서 이르기를, 마음은 편안하게 하더라도 몸은 수고롭게 하지 않을 수 없고, 도를 좋아하더라도 마음은 근심하지 않을 수 없다. 몸은 수고롭게 하지 않으면 게을러져서 허물어지기 쉽고, 마음이 조심하지 않으면 주색에 빠져서 행동이 고르지 못하다. 그러므로 편안함은 수고로움에서 생기고 언제나 기쁘고 즐거움은 근심하는 데서 생겨 싫음

이 없다. 평안하고 즐거운 자가 근심과 괴로움을 어찌 잊을 수 있겠는가.

명심보감 50강

蔡伯喈曰, 喜怒는 在心하고 言出於口하니 不可不愼이니라.
_{채백개왈   회노   재심   언출어구   불}
_{가불신}

○ 채백개가 말하기를, 기뻐하고 노여워함은 마음속에 있고, 말은 입 밖으로 나가는 것이다. 극히 삼가야 한다. 말은 입 밖으로 나가는 것이니 고운 말과 좋은 말을 사용하라. 고운 말과 좋은 말을 하려면 마음가짐이 온화하고 정신과 마음이 긍정적이어야 한다. 선한 생각과 선한 마음을 가져라. 마음과 정신이 악으로 가득하면 아름다운 말과 좋은 말이 입 밖으로 나올 수가 없다.

중용 1강

一. 中庸의 來歷 및 作者와 時代的 背景

中庸은 본래 禮記 四十九篇 중에 第三十一篇에 들어 있던 것이 漢代에 별도로 다루어지기 시작하여 단행본으로 된 것은 大學보다 먼저의 일이다. 漢代의 藝文志에 中庸說二篇이, 그리고 隨나라 시대의 經籍志에 戴顒(남북조 시대의 송나라 사람)의 中庸傳 二券이 梁武帝의 中庸講疏 一券이 수록되어 있는 것을 볼 수 있다.

이것이 四書 중에 들게 된 것은 宋代에 와서 性理學의 발흥과 같은 시기이다. 程顥, 程頤 형제가 孔門이 傳授한 心法이라 하여 그 뜻을 깊이 硏討하였고 이들 형제를 스스로 받드는

朱熹가 이를 硏究하여 中庸章句 中庸或問 등을 저술 中庸의 深義를 闡明하고 『論語』, 『孟子』, 『大學』과 함께 四書로 編定한 이후에 四書는 性理學의 발흥과 더불어 儒家의 經典으로서 옛날로부터 오늘에 이르기까지 오랫동안 읽혀 오고 또 많은 영향을 끼쳐 오고 있으며 古典으로서 위대한 가치를 지니고 있는 것이다.

본래 中國의 作者는 공자의 손자 子思의 作이라 인정되어 왔다. 孔子世家에선 子思가 中庸을 지었다 했으며 唐代 孔穎達의 禮記正義엔 漢儒 鄭玄의 禮記目錄을 인용, 공자의 손자 子思 伋이 中庸을 지어 聖祖의 德을 昭明히 했다고 했으며 漢書 禮文志 諸子略의 儒家類에 子思子 二十三篇이 著錄되어 있고 梁院孝緖의 七錄에 七篇이 들어 있는데 隋書 音樂志

에 梁 沈約의 말을 인용하여 中庸, 表記, 坊記, 緇衣의 이름은 모두 子思子에서 取해 온 것이라 했다.

지금 子思子와 옛 中庸과의 관계는 알 길이 없으나 古注나 類書들에 인용된 子思子의 語句에서 지금의 中庸의 문구와 같은 것이 보이는 것을 볼 때 지금의 中庸은 子思子에서 취해진 것이라고 믿어 왔다. 子思는 위에서 밝혔듯이 孔子의 손자이며 子思란 字이고 이름은 伋이었으며 曾子의 제자로 魯나라 繆公의 스승이었다. 그러나 淸代에 이르러 考證學이 크게 일어나자 考證學者 崔述이 中庸은 孟子 이후에 나온 것이라 단정하는가 하면, 詩人 袁枚는 子思의 著作에 對하여 疑問을 제기했고, 近代의 胡適, 錢穆 등의 學者들에 의해서 秦漢 間에 나온 無名氏의 作이라 斷定하기에 이르렀다. 그 증거가 中庸 二十八章에 나오는 今天下, 車同軌, 書同文, 行同倫, 즉 지금 천하에 수레는 軌가 같고 글은 文字가 같으며 행동은 倫理를 따른다는 대목으로 이는 子思가 살던 時期에는 맞지 않으며 진시황의 天下統一 이후에 행하여진 정치라고 보는 견해 때문이다. 이 한 구절만으로도 子思 一人의 作이라고 한 것은 모순이 있으며 近來의 說인 子思가 쓴 글에 그의 제자들이 발전, 부연시킴으로써 현재의 中庸이 이루어졌을 것이라는 說이 맞을 것이다.

現傳하는 中庸의 子曰이란 대목도 이 책에선 孔子라고 했으나 孔子의 말씀인지 子思를 가리키는 것인지 분명치 않다. 그러나 현재의 中庸은 子思의 著作인 子思子의 首筆을 底本

으로 秦漢 간에 더 보태진 것이라 봄이 좋을 것이다. 또한 中庸은 子思가 직접 쓴 것을 중심으로 제자들의 손을 거쳐 엮였다 했으니 그 내용도 二分되는 것이 당연하겠으나 이곳에선 이 글이 빛을 보게 된 朱熹의 中庸章句를 따랐다.

중용 2강

二. 中庸의 思想과 意義

中庸의 思想은 天과 性과 道와 敎에 통하는 天人合一을 그 主題로 삼아 하늘이 合賦한 것이 性이요, 性에 따르는 것이 道요, 道를 마름하는 것이 敎다. "天命之謂性, 率性之謂道, 修道之謂敎"라고 하여 宇宙自然의 攝理인 하늘의 道에 通하면서 '사람의 道'에 通하는 心法이며 精誠됨에 이르는 性善說에 근거를 두고 있다.

즉 中庸에의 길인 誠에 이르자면 사람은 언제나 善을 지켜 '선함', '좋음', '훌륭함'을 꾸준히 찾아 나가야만 한다. 이것이 性善說에

근거를 둔 사람의 本性이며 하늘의 本質인 것이다. 또한 外面的으로는 부모에 대한 孝道와 친족에 대한 화목, 즉 禮를 갖추어야 한다.

이렇게 內外面的으로 誠에 이르고 禮를 갖춤으로써 儒家思想과 一致하게 되는 것이다. 朱熹는 儒家의 학설을 정리, 이론으로 확립하고 사상적인 계통과 조리를 세워 中庸을 儒家思想의 經典으로 提高되게 만들었다.

그러면 중용이란 무엇을 뜻하는가?

朱熹는 中庸章句 初頭에서 이렇게 말했다. 그의 스승인 程子의 말을 인용하여 "어느 한편으로도 치우치지 않고 정도에 알맞은 것이 中이며 언제나 바르고 일정한 것이 庸"이다.

그러므로 中이란 사람이 살아가는 道요, 庸이란 사람이 살아가는 원리인 것이다. 자사는 이러한 뜻을 책으로 적어 맹자에게 전승하셨고 유가들이 계승하여 한 경전으로 그 가치가 빛나고 있는 것이다. 宇宙原理를 하늘에서 시작하여 인간에게 이르고 나중에 가서는 다시 하늘에 귀납되는 原理로 설명하여 크게는 하늘의 道에서부터 작게는 인간의 일상생활에까지 적용되는 學問이 곧 中庸인 것이다.

중용 3강

二. 中庸의 思想과 意義
_{이 중용   사상   의의}

예로부터 四書의 하나로서 中國은 물론 한국, 일본 등 동양사상의 기저를 이룬 이 中庸은 現代人들의 사상 밑바닥에도 잠재해 있으며 또 우리 조상들의 사상을 연구하고 이해하는 데에도 큰 도움을 주게 될 것이다.

하늘에 명한 것이 성이요, 성에 따른 것이 도요, 도에 따른 것이 교니라.

天命之謂性이요, 率性之謂敎니라. 道也者는 不可須臾離也니 可離면 非道也라. 是故로 君子는 戒愼乎其所不睹하며 恐懼乎其所不聞이

니라. 莫(막)見(견)乎(호)微(미)니 故(고)로 君子(군자)는 愼其獨(신기독)也(야)니라.

하늘이 命(명)한 것을 性(성)이라 하고, 性(성)에 따르는 것을 道(도)라 하고, 道(도)를 닦는 것을 敎(교)라 한다. 道(도)라는 것은 잠시도 떠날 수가 없는 것이니 떠날 수 있다면 道(도)가 아닌 것이다. 이러하므로 군자는 그가 보이지 않는 바를 삼가며 그가 들리지 않는 바를 두려워하는 것이다. 숨는 것보다 더 잘 드러남이 없으며, 미세한 일보다 더 잘 나타나는 것은 없다. 때문에 군자는 그가 홀로 있음을 삼가는 것이다.

중용 4강

二. 中和
_{이 중화}

喜怒哀樂之未發을 謂之中이요, 發而皆中節을
_{희노애락지미발} _{위지중} _{발이개중절}
謂之和니 中也者는 天下之大本也요, 化也者는
_{위지화} _{중야자} _{천하지대본야} _{화야자}
天下之達道也니라. 致中和면 天地位焉하며 萬
_{천하지달도야} _{치중화} _{천지위언} _만
物이 育焉이니라.
_물 _{육언}

○ 희, 노, 애, 락이 나타나지 않는 상태를 중이라 하고 나타나 모두 절도에 맞는 것을 화라고 한다. 중은 천하의 대본이고, 화는 천하의 달도인 것이다. 중과 화에 이르게 하면 천지가 자리 잡히며 만물이 길러지는 것이다.

二. 君子와 中庸
<small>이 군자   중용</small>

1. 中庸의 道
<small>중용 도</small>

仲尼曰, 君子 中庸이요, 小人 反中庸이니라.
<small>중니왈 군자 중용   소인 반중용</small>
君子之中庸也는 君子而時中이요, 小人之中庸
<small>군자지중용야   군자이시중   소인지중용</small>
也는 小人而無忌彈也니라.
<small>야   소인이무기탄야</small>

○ 중니가 말하기를, 군자는 중용이고, 소인은 중용에 반한다. 군자의 중용은 군자로서 때에 알맞게 하고 소인의 중용은 기탄없는 것이다.

중용 5강

_{자왈 중용   기지의호   민선능   구의}
子曰, 中庸은 其至矣乎인저. 民鮮能이 久矣니라.

○ 공자가 말하기를, 중용은 지극한 것이다. 사람들은 능히 오래 행할 수 있는 이가 드물다.

三. 中庸의 實行 過不及의 弊端

_{자왈   도지불행야   아지지의   지자   과}
子曰, 道之不行也를 我知之矣로다. 知者는 過
_{지   우자   불급야   도지불명야   아}
之하고 愚者는 不及也니라. 道之不明也를 我
_{지지의   현자   과지   불초자   불급}
知之矣로다. 賢者는 過之하고 不肖者는 不及
_{야   인막불음식야   선능지미야}
也니라. 人莫不飮食也건마는 鮮能知味也니라.

○ 공자가 말하기를, 도가 행하여지지 않음을

내가 알겠도다. 지혜로운 자는 지나치고 우매한 자는 미치지 못하는구나. 도가 밝혀지지 않음을 내 알겠도다. 현명한 자는 지나치고 못난 자는 미치지 못하는구나. 사람은 마시고 먹지 않는 이 없으나, 맛을 알 수 있는 이는 드무니라. 슬기와 지혜가 있는 자는 지나치게 너무 많이 알기 때문이고 우매한 자는 알지를 못하기 때문이니, 미치지 못하고 현명한 사람은 도를 잘 알기 때문에 자기가 할 바를 너무나 잘 안다고 자부하기 때문이고 우매한 자는 자기가 갈 길과 할 일을 너무나 모르기 때문에 도를 행하지는 않을 수 없고 도를 행하자니 중용의 길은 어렵도다.

중용 6강

四. 中庸과 道의 難行

子曰, 道其不行矣夫인저.

　○ 공자가 말하기를, 도는 행하여지지 못하겠구나! 도는 현명한 사람은 지나치고 우매한 사람은 미치지 못하니 도를 행하지는 못하겠구나.

五. 中庸과 舜

子曰, 舜은 其大知也與신저. 舜이 好問而好察邇言하사대 隱惡而揚善하시며 執其兩端하사 用其中於民하시니 其斯以爲舜乎신저.

○ 공자가 말하기를, 순은 큰 지혜를 가지신 분이구나. 순은 묻기를 좋아하시고 가깝고 가벼운 말도 살피기 좋아하시고, 악함은 숨기고 선함을 드러내시었다. 그 양 극단을 잡으시어 그 중간을 백성들에게 쓰셨으니 이것이 순이 된 까닭일 게다!

슬기와 지혜가 있는 사람은 묻기를 좋아하고 가벼운 말도 살피기 좋아하니 묻는다는 것은 자세히 알고자 함이고 잘 알기 위해서이다.

중용 7강

六. 知와 中庸

子曰, 人皆曰, 予知로대 驅而納諸罟獲陷穽之
中而莫之知辟也하며 人皆曰, 予知로대 擇乎中
庸而不能期月守也니라.

○ 공자가 말하기를, 사람들은 모두 나는 지혜롭다고 하나 그물이나 덫이나 함정 가운데로 몰아넣어도 그것을 피할 줄 모른다. 사람들은 모두 나는 지혜롭다고 말하나, 중용을 택하여 한 달 동안도 지켜 내지 못한다. 대부분의 사람들은 조금만 알아도 다 아는 것처럼 생각하고 행동을 하는데, 신중하게 행동을 해야 한다. 생각을 깊이 하고 행하여야 한다. 슬기와 지혜

를 믿고 배우고 기도하라. 그러면 신중하고 바른 생각을 하게 된다.

　바른 생각은 바름을 알게 하고 바름을 알게 되면 현시점에서 보이스 피싱이나 사기꾼에게 속지 않게 된다. 슬기와 지혜를 갖추면 자신을 알게 되니 슬기와 지혜는 그 무엇보다 위에 있다. 성서에도 슬기와 지혜는 금은보화보다 값지다고 한다. 금은보화도 슬기와 지혜에 비하면 한 알의 모래알이다. 자신을 믿고 기도하고 배워라. 슬기와 지혜를 얻을 것이다. 슬기와 지혜는 자신을 알게 되고 모든 일이 다 잘되게 한다.

중용 8강

七. 中庸의 體行
     칠   중용   체행

_{자왈 회지위인야   택호중용   득일선직권권}
子曰, 回之爲人也 擇乎中庸하야 得一善則拳拳
_{복응이불실지의}
服膺而弗失之矣니라.

  ○ 공자가 말하기를, 안회의 사람됨을 말하면 중용을 택하여 한 가지 선을 얻어 가슴에 꼭 지니고 그것을 잃지 않았다.

八. 中庸의 어려움
    팔 중용

_{자왈 천하국가   가균야   작록   가사야}
子曰, 天下國家도 可均也며 爵祿도 可辭也며
_{백인   각도야   중용   불가능야}
白刃도 各蹈也로대 中庸은 不可能也니라.

○ 공자가 말하기를, 천하의 국가도 고르게 할 수 있고 작록도 사양할 수 있고 흰 칼날도 밟을 수 있다 하더라도 중용은 능히 할 수 없다. 중용이란, 지나치거나 모자라지 아니하고 한쪽으로 치우치지 아니하고 떳떳하며 변함이 없는 상태로서, 중용에서 말하는 도덕론도 지나치거나 모자람이 없고 도리에 맞으며 변함이 없음을 말한다.

중용 9강

九. 君子의 强
_{구 군자 강}

子路問强한대 子曰, 南方之强與아 北方之强與
아 抑而强與아 寬柔以敎요, 不報無道는 南方
之强也니 君子, 居之니라.

○ 자로가 굳셈을 물으니 공자가 말하기를 "남방의 강함인가? 북방의 강함인가? 그렇지 않으면 너의 강함인가? 너그럽고 부드러움으로 가르치고 무도함에 보복하지 않는 것은 남방의 강함이니 군자가 그렇게 산다. 창검과 갑옷을 깔고 죽어도 한하지 않는 것은 북방의 강함이니 강폭한 자가 그렇게 산다. 그러므로 군자는 화하되 흐르지 아니하니 강하다. 꿋꿋함이여! 중

에 서서 기울어지지 아니하니 강하다. 꿋꿋함이여! 나라에 도가 있으면 옹색함을 변치 아니하니 강하다. 꿋꿋함이여! 나라에 도가 없으면 죽게 되더라도 변치 아니하니 강하다. 꿋꿋함이여!"

중용 10강

三. 道論
^{삼 도론}

1. 道의 適用

君子之道는 費而隱이니라. 夫婦之愚로도 可以
與知焉이로대 及其至也하야는 雖聖人이라도
亦有所不知焉하여 夫婦之不肖로도 可以能行
焉이로대 及其知也하야는 雖聖人이라도 亦有
所不能焉하여 天地之大也에도 人猶有所憾이
니 故로 君子 語大인댄 天下莫能載焉이요, 語
小인댄 天下 莫能破焉이니라.

○ 군자의 도는 광대하면서도 은미하다. 필부 필부의 우매함으로서는 가히 함께하여 알 수 있는 것이지만, 그 지극함에 이르러서는 비록

성인이라도 역시 알지 못하는 바가 있는 것이다. 필부필부의 불초함으로써도 가히 행할 수 있는 것이지만, 그 지극함에 미쳐서는 비록 성인이라도 역시 할 수 없는 바가 있는 것이다. 하늘과 땅의 그토록 위대함에도 사람에게는 오히려 한 되는 바가 있는 것이다. 그러므로 군자가 큰 것을 말하면 천하에 실을 수가 없게 되고 작은 것을 말하면 천하에 쪼갤 수가 없게 된다.

중용 11강

詩云, 鳶飛戾天이거늘 魚躍于淵이라 하니 言
其上下察也니라 君子之道는 造端乎夫婦니 及
其至也하야는 察乎天地니라.

○『시경』에서 이르기를, "솔개는 하늘에 나는데 고기는 못에서 뛰어오르는구나"라고 하였으니 그것이 위아래로 드러남을 말한 것이다. 군자의 도는 필부필부에게서부터 발단되나 그 지극함에 이르러서는 천지에 드러난다.

중용 12강

二. 道는 멀리 있지 않고 가까운 곳에 있는 것

子曰, 道不遠人하니 人之爲道以遠人이면 不可以爲道니라. 詩云, 伐柯伐柯여 其則不遠이라 하니 執柯以伐柯호대 睨而視之하고 猶以爲遠하나니. 故로 君子는 以人治人하다가 改而止니라. 忠恕는 違道不遠하니 施諸己而不願을 亦勿施於人이니라.

○ 공자가 말하기를, "도는 사람에게서 멀지 아니하니 사람이 도를 하되 사람에게서 멀리 한다면 도가 될 수 없는 것이다" 『시경』에서 이르기를 "도낏자루를 찍어 내네, 도낏자루를 찍어 내네. 그 법은 멀지 않도다"라고 하였다. 도

낏자루를 잡고서 도낏자루를 찍어 내되 대중하여 보고 오히려 멀다고 생각한다. 그러므로 군자는 사람으로서 사람을 다스리다가 고쳐져야 그만둔다. 충과 서는 도에서 멀지 아니하니, 자기에게 권함을 바라지 않고 또한 남에게 권하지 말아야 한다.

중용 13강

三. 平時의 道 네 가지
　　삼　평시　도

君子之道 四에 丘未能一焉이로니 所求乎子로
군자지도 사　　구미능일언　　　소구호자
以事父를 未能也하며 所求乎臣으로 以事君을
이사부　　미능야　　　소구호신　　　이사군
未能也하며 所求乎弟로 以事兄을 未能也하며
미능야　　　소구호제　　이사형　　미능야
所求乎朋友로 先施之를 未能也로니 庸德之行
소구호붕우　　선시지　　미능야　　용덕지행
하며 庸言之謹하야 有所不足이거든 不敢不勉
　　　용언지근　　　　유소부족　　　　불감불면
하며 有餘거든 不敢盡하야 言顧行하며 行顧
　　　유여　　　불감진　　　언고행　　　행고
言이니 君子 胡不慥慥이리오.
언　　　군자　호부조조

○ 군자의 도가 넷인데 구는 하나도 다하지 못하였다. 자식에게 요구하는 바로서 아버지 섬김을 다하지 못하였다. 신하에게 요구하는 바로서 임금 섬김을 다하지 못하였다. 아우에게

요구하는 바로서 형 섬김을 다하지 못하였다. 벗에게 요구하는 바로서 먼저 베풀어 주지를 못하였다. 용덕을 행하며 용언을 삼가서, 부족한 바가 있으면 감히 힘쓰지 못하며, 남용이 있으면 감히 다하지 않아서 말은 행동을 돌아보고 행동은 말을 돌아보는 것이니, 군자가 어찌 부지런히 힘쓰지 않겠는가?

중용 14강

四. 君子의 處身
_{사 군자   처신}

君子는 素其位而行이요, 不願乎其外니라. 素
_{군자   소기위이행   불원호기외   소}
富貴하얀 行乎富貴며 素貧賤하얀 行乎貧賤하
_{부귀   행호부귀   소빈천   행호빈천}
며 素夷狄하얀 行乎夷狄하며 素患難하얀 行乎
_{소이적   행호이적   소환난   행호}
患難이니 君子는 無入而不自得焉이니라.
_{환난   군자   무입이부자득언}

○ 군자는 그 자신의 처지에 따라서 행할 뿐이요, 그 밖을 바라지 않는다. 부귀에 처해선 부귀를 행하며, 빈천에 처해선 빈천에 마땅하게 처신하고, 이적에 처해선 이적에 마땅하게 처신하며, 환난에 처해선 환난을 행하는 것이니, 군자는 자득하지 못하는 데가 없는 것이다. 오랑캐에 있어서는 오랑캐에 맞게 처신한다. 처신은 자신의 슬기와 지혜가 있어야 하느니라. 슬

기와 지혜를 알려면 자신을 믿고 기도하고 배워야 하느니라. 자신을 알지 못하면 자신의 처신을 바르게 할 수가 없느니라. 중용의 처신은 자신을 아는 데 있다. 자신이 자신을 모르면 중용은 할 수도 있을 수도 없느니라.

중용 15강

五. 自身의 돌이킴

在上位하야 不陵下하며 在下位하야 不援上이요, 正己而不求於人이면 則無怨이니 上不怨天하며 下不尤人이니라. 故로 君子는 居易以俟命하고 小人은 行險以徼幸이니라. 子曰, 射, 有似乎君子하니 失諸正鵠이요, 反求諸其身이니라.

○ 윗자리에 있어서는 아랫사람을 업신여기지 아니하며, 아랫자리에 있어서는 윗사람을 붙잡지 아니한다. 자기를 바르게 하고 남에게 구하지 아니하면 곧 원망함이 없을 것이니, 위로는 하늘을 원망하지 아니하며 아래로는 사람

을 탓하지 않는다. 그러므로 군자는 평탄에 처신하여 명을 기다리고, 소인은 위험에 행하여 요행을 바란다. 공자가 말하기를, "활쏘기는 군자에 비슷함이 있으니 정곡을 잃으면 돌이켜 그의 자신에서 구하는 것이다"라고 했다.

중용 16강

六. 高遠은 卑近에서 (實行의 順序)

君子之道는 辟如行遠必自邇하며 辟如登高必自卑니라. 詩云, 妻子好合이 如鼓瑟琴하며 兄弟旣翕하야 和樂且耽이라. 宜爾室家하며 樂爾妻努하야 子曰, 父母는 其順依乎신저.

○ 군자의 도를 비유하면 멀리 가려면 반드시 가까운 곳에서부터 출발함과 같으며, 비유컨대 높이 올라가려면 반드시 낮은 곳부터 출발함과 같다. 『시경』에서 이르기를 "처자의 화합함이 거문고를 타는 듯 형제 잘 의합하여 즐겁고도 즐겁도다. 너의 집안을 화목케 하여 너의 처를 즐겁게 할 것이라"라고 하였는바 공자가 말하

기를 "부모는 참 안락하실 것이다"라고 하셨다.

중용 17강

七. 鬼神의 德

子曰, 鬼神之爲德이 其盛矣乎인저. 視之而弗見하며 聽之而弗聞이로대 體物而 不可遺니라. 使天下之人으로 齊明盛服하야 以承祭祀하고 洋洋乎如在其上하며 如在其左右니라. 詩云, 神之格思를 不可度思은 神可射思아 夫微之顯이니 誠之不可揜이 如此夫인저.

○ 공자가 말하기를 "귀신의 덕 됨은 성하기도 하다. 그것은 보려 해도 보이지 않으며 그것을 들으려 해도 들리지 아니하되, 만물의 본체가 되어 있어 버릴 수가 없는 것이다. 천하의 사람으로 하여금 명결하여 재계하고 성복을 하여

제사를 받들게 하고 양양이 그 위에 있는 것 같으며 그 좌우에 있는 것 같은 것이다. 『시경』에서 이르기를 "신의 강림하심은 헤아릴 수 없는 것이거늘 하물며 꺼려 할 수 있으랴!"라고 했다. 대저 은미함이 나타나는 것이니, 성을 가릴 수 없음이 이와 같은 것이다.

중용 18강

八. 孝와 德性

子曰, 舜은 其大孝也與신저 德爲聖人이시고 尊爲天子시고 富有四海之內하사 宗廟饗之하시며 子孫保之하시니라. 故로 大德은 必得其位하며 必得其祿하며 必得其名하며 必得其壽니라. 故로 天地生物이 必因其材而篤焉하나니. 故로 栽者를 培之하고 傾者를 覆之니라.

○ 공자가 말하기를, "순이야말로 대효이시다. 덕으로는 성인이 되시고, 존귀로는 천자가 되시고, 부로는 사해의 안을 차지하여 종묘를 향하고 자손을 보전하시었다" 그러므로 대덕은 반드시 그 지위를 얻고, 반드시 그 녹을 얻

으며, 반드시 그 이름을 얻고, 반드시 그 수를 얻는다. 그러므로 하늘의 만물을 낳음은 반드시 그 재질로 말미암아 두텁게 해 준다. 그러므로 심긴 것은 북돋아 주고, 기울어진 것은 엎어트린다.

중용 19강

詩云, 嘉樂君子의 憲憲令德이 宜民宜人이라.
受祿于天이거늘 保佑命之하시고 自天申之라
하니라. 故로 大德者는 必受命이니라.

○『시경』에서 이르기를 "훌륭하신 군자님의 밝고 아름다운 덕이여, 백성에게 알맞고 관인에게도 알맞아 하늘에서 녹을 받으셨도다. 하느님 보우하사 명하시고 끊임없이 돌보시네"라고 했다. 그러므로 대덕자는 반드시 천명을 받는 것이다. 사람은 태어날 때 자기 몫을 가지고 태어난다고 한다. 하늘에 녹을 받는다는 뜻도 같은 맥락이다.

중용 20강

九. 文王의 德과 禮

子曰, 無憂者는 其惟文王乎신저. 以王季爲父하시고 以武王爲自하시니 父, 作之하고 子, 述之하시니라. 武王이 纘大王王季文王之緒하사 壹戎衣而有天下하사대 身不失天下之顯名하사 尊爲天下시고 富有四海之內하사 宗廟饗之하시며 子孫保之하시니라.

○ 공자가 말하기를 "걱정 없는 이는 바로 문왕이시다. 왕계를 아버지로 하셨고 무왕을 아들로 하였으니, 아버지는 기업을 일으켰고 아들은 그것을 계승하였다. 무왕은 대왕과 왕계와 문왕의 유서를 계승하시어, 한번 군복을 입

자 천하를 다스리게 되었으되 몸은 천하에 드러난 명성을 잃지 않으시어 존귀로는 천자가 되시고, 부로는 사해의 안을 차지하여 종묘를 향하고 자손을 보전하시었다"

중용 21강

武王이 末受命이시거늘 周公이 成文武之德하
사 追王大王王季하시고 上祀先公以天子之禮
하시니 斯禮也, 達乎諸侯大夫及士庶人하니 父
爲大夫요, 子爲士거든 葬以大夫요, 祭以士하
며 父爲士요, 子爲大夫면 葬以士요, 祭以大夫
하며 期之喪은 達乎大夫하고 三年之喪은 達乎
天子하니 父母之喪은 無貴賤一也니라.

○ 무왕이 말년에 명을 받으시니, 주공이 문왕으로 추존하고, 위로는 선공들을 천자의 예로써 제사하시었다. 이 예는 제후와 대부 및 사와 서민들에게도 통용되니 아버지가 대부이고 아들이 사라면 대부로서 장사 지내고 사로서 제사 지내며, 아버지가 사이고, 아들이 대부라면

사로서 장사 지내고 대부로서 제사 지내는 것이다. 기년상은 대부에게까지 통용되나, 부모의 상은 귀천 없이 하나인 것이다. 명심보감에도 제사에 대한 예법이 있다. 제사에는 엄숙해야 함을 말하고 있다. 즉 분위기나 의식 따위가 장엄하고 정숙해야 하고 말이나 태도가 위엄이 있어야 하고 정중하여야 하며 옷차림도 단정하여야 한다. 그 밖에 지키는 예법이 많으나 현대는 모두가 간소화되었다. 음식도 간소화하고 부인들의 수고를 덜기 위하여 남자들도 음식을 한다. 음식은 오시는 분들을 확인하여 정갈하고 알맞게 하고 만약 음식이 남는다면 오신 분들께 나눠 가져가시게 하는 것이 바람직하다. 치우는 것은 남자들이 하고 부인과 여자들을 편하게 하라. 그래야 가정에 평화가 온다.

중용 22강

十. 孝
_{십 효}

子曰, 武王周公은 其達孝矣乎신저. 夫孝者는
善繼人之志하며 善述人之事者也니라. 春秋에
修其祖廟하며 陳其宗品하며 設其裳衣하며 薦
其時食이니라.

○ 공자가 말하기를, "무왕과 주공이야말로 달효로다. 대저 효라는 것은 선인의 뜻을 잘 계승하여 선인의 일을 잘 발전시키는 것이다. 봄 가을로 그의 조상의 묘를 수리하고 그의 종기를 진열하며 의상을 펴 놓고 제철의 음식을 바친다" 효는 어버이를 섬기는 일이다. 옛날에는 엄격하게 어버이에게 예의를 다하였다면, 현대

에는 그러하지는 않는다. 형편에 맞게 부모님을 모신다. 제사 때도 편하게 지낸다. 꼭 돌아가신 날이 아니라 돌아가신 날 전후의 토요일, 일요일 등으로 변경하거나 아예 제사를 지내지 않는 집도 많아졌다. 그러나 자신을 낳아 주신 부모님께 감사하다는 뜻으로도 효도하고 제사를 지내는 것은 자식 된 도리일 것이다.

중용 23강

十一. 禮
_{십 일 예}

宗廟之禮는 所以序昭穆也요, 序爵은 所以辨貴賤也요, 序事는 所以辨賢也요, 旅酬에 下, 爲上은 所以逮賤也요, 燕毛는 所以序齒也니라.
_{종묘지예   소이서소목야   서작   소이변귀천야   서사   소이변현야   여수 하 위상 소이체천야   연모   소이서치야}

○ 종묘의 예는 소목의 차서를 세우는 소이요, 작의 차서를 세움은 귀천을 분별하는 소이요, 일의 차서를 세움은 현명함을 분별하는 소이요, 여수에서 아랫사람이 윗사람을 위하는 것은 천한 사람에게도 미치게 하는 소이요, 연모는 나이의 차서를 세우는 소이이다. 예는 가정의 예의가 으뜸이다. 가정의 예는 효도이다. 부모님을 존경하고 사랑으로 보살피고 걱정을 하

지 않게 하는 것이다. 부모의 바람은 크지 않고 자식들이 가정을 이루어 잘 사는 것 정도일 것이다.

중용 24강

十二. 祭禮
_{십이 제례}

踐其位하야 行其禮하며 奏其樂하며 敬其所尊하며 愛其所親하며 事死如事生하며 事亡如事存이 孝之至也니라. 郊社之禮는 所以事上帝也요, 宗廟之禮는 所以祀乎其先也니 明乎郊祀之禮와 祭嘗之義면 治國은 其如示諸掌乎인저.

○ 그 자리에 올라 그 예를 행하고, 그 음악을 연주하며 그 높이던 바를 공경하고 그 친하던 바를 사랑하며, 죽음을 섬기기를 삶을 섬기는 것처럼 하고, 없는 이 섬기기를 생존한 이 섬기는 것같이 하는 것이 효의 지극함이다.

교사의 예는 하늘을 섬기는 소이요, 종묘의 예

는 그의 조상들을 제사 지내는 소이다. 교사의 예와 재상의 뜻에 밝으면 나라를 다스리는 것은 손바닥을 보는 것 같을 것이다. 옛날에는 제사 지내는 예법을 중하게 여겼다. 그러나 지금은 그 시대가 아니다. 지금은 가정을 우선시한다. 남녀평등으로 여자들도 사회활동을 많이 하기 때문에 여자의 의견이 강해져 여성의 의견을 존중하여야 하는 시대이기도 한다. 제사는 등한시되고 그 예법 또한 희미하게 되고 있다. 가정의 평화와 화목을 위해서는 서로 존경하고 서로 사랑하고 서로 존대어를 사용하라. 그러면 가정의 평화와 화목이 찾아온다.

중용 25강

四. 誠과 政治
　　사　　성　　　정치

1. 政治와 治者의 德性
　　정치　　치자　　덕성

哀公이 問政한대 子曰, 文武之政이 布在方策
애공　　문정　　　자왈　문무지정　　포재방책
하니 其人이 存則其政이 擧하고 其人이 亡則
　　　기인　　존즉기정　　거　　　기인　　망즉
其政이 息이니라. 人道는 敏政하고 地道는 敏
기정　　식　　　　　인도　　민정　　　지도　　민
樹라니 夫政也者는 浦盧也니라.
수　　　부정야자　　포로야

　○ 애공이 정치를 물으니 공자가 말하기를, "문왕과 무왕의 정사가 나무쪽과 대쪽에 기록되어 있으니 그러한 사람이 있으면 그러한 정치가 이루어지고 그러한 사람이 없으면 그러한 정치는 식멸한다. 사람의 도는 정치에 빠르고 땅의 도는 나무에 빠른 것이니, 무릇 정치라는 것

은 창포와 갈대 같은 것이다" 정치는 인이 있어야 한다. 인이 없고, 폭만 있으면 지도자의 폭정이 두려워 아첨을 해야 하고, 따르지 않으려니 쫓겨나고, 지도자 밑에 따르는 자들도 어리석고 사나운 자들만 모이게 된다. 그러면 그 사회는 불안하고 어지러워지는 것이니 사회는 불안하고 경제는 추락하게 되어 사람들은 흩어지고 아이를 낳지 않고 인구는 줄고 살기가 어려워져 나라는 망한다.

지도자가 인과 덕으로 다스리면 지도자를 따르는 사람들도 어질고 덕이 있는 사람이 따르게 된다. 그 사회는 안정되고 발전하고 사람은 모이고 그 나라는 흥할 것이다. 사서삼경에 나오는 말이다. 인과 덕이 있는 사람의 곁에는 인과 덕이 있는 사람이 모이고 폭군의 곁에는 난폭하고 어리석은 사람이 모인다.

중용 26강

2. 仁은 人

故로 爲政이 在人하니 取人以身이요, 修身以
道요, 修道以仁이니라. 仁者는 人也니 親親이
爲大하고 義者는 宜也니 尊賢이 爲大하니 親
親之殺와 尊賢之等이 禮所生也니라.

○ 그러므로 정치의 성패는 사람에게 달려 있으니, 사람을 취함엔 몸으로써 할 것이요, 몸을 닦음엔 도로써 할 것이요, 도를 닦음엔 인으로써 할 것이다. 인이라는 것은 사람다움이니 친족과 친히 지내면서 커지고, 의라는 것은 마땅함이니 어진 이를 높이면서 커진다. 친족과 친히 지내는 강쇄와 어진 이를 높임이 등급의 예

가 생기는 바탕인 것이다.

  정치란 사람에게 달려 있으니 사람을 등용함에 있어서 그 사람의 가정을 보라. 가정을 다스림에 반드시 집안을 가지런히 해야 한다. 가정을 가르치지 못하면 남을 가르치지 못한다. 그러므로 군자는 집을 나서지 않아도 나라에 가르침을 이루는 것이다. 옛날에는 정치를 하는 사람은 사서삼경을 배우고 그 깊은 뜻을 헤아려 보았을 것이다. 지금의 지도자들도 옛 선비들이 배운 사서삼경을 읽어 보고 정치한다면, 반드시 도움이 될 것이다.

중용 27강

故로 君子는 不可以不修身이니 思修身인댄 不可以不事親이요, 思事親인댄 不可以不知人이요, 思知人인댄 不可以不知天이니라.

○ 그러므로 군자는 몸을 닦지 않을 수가 없는 것이다. 몸을 닦으려 생각한다면 어버이를 섬기지 않을 수가 없을 것이고, 어버이를 섬기려 한다면 사람을 알지 않을 수가 없는 것이고, 사람을 알려고 생각한다면 하늘을 알지 않을 수가 없는 것이다.

중용 28강

3. 達道와 達德
   달도   달덕

○ 천하에 달도 다섯이 있는데 그것을 행하게 하는 것은 셋이다. 곧 군신과 부자와 부부와 형제와 친구, 다섯 가지는 천하의 달도이고 지, 인, 용의 세 가지는 천하의 달덕이니, 그것을 행하게 하는 것은 하나이다.

군신, 군주가 의롭지 않은 행위를 하면 신하는 군주를 떠날 수 있다. 군주와 신하는 의로써 맺은 관계이기 때문이다.

부모 자식은 혈연관계이니 부모님이 옳지 못한 행동을 하였을 때에는 부모님을 공경하는 마음으로 부모님의 뜻을 거스르지 않으면서 원만히 해결해야 한다.

가정의 평화를 위해서는 부인을 사랑하고 존경하고 존중하고 공경의 말을 사용하고 자식에게도 사랑하는 마음으로 대하여야 하며 말은 항상 고운 말을 사용하여야 한다.

중용 29강

或生而知之하며 或學而知之하면 或困而知之하나니 及其知之하야난 一也니라. 或安而行之하며 或利而行之하며 或勉强而行之하나니 及其成功하야난 一也니라.

○ 어떤 이는 나면서부터 그것을 알며, 어떤 이는 배워서 그것을 알며, 어떤 이는 곤고하여 그것을 알게 되나, 그들이 그것을 앎에 미쳐서는 한 가지이다. 어떤 이는 편하게 그것을 행하며, 어떤 이는 이롭대서 그것을 행하며, 어떤 이는 애써서 그것을 행한다. 그들이 공을 이룸에 미쳐서는 한 가지이다. 배워서 아는 것은 무한정이다. 그러나 머리에 저장 능력은 한도가 있다. 그래서 부모님은 태교에서부터 늙어 죽을

때까지 배워야 한다고 하였다.

 달덕의 지, 인, 용 세 가지를 행하는 것은 하나의 배움이다. 배움이란 슬기와 지혜이다. 슬기와 지혜는 어디서 배우나? 바로 우주 만물을 창조하신 삼위일체, 즉 영혼, 조상, 천인이시고, 즉 나의 정신, 나의 신이다. 자신을 믿고 기도하고 배워라. 그러면 믿은 만큼 기도한 만큼 배운 만큼 슬기와 지혜를 얻는 것이다.

중용 30강

子曰, 好學은 近乎知하고 力行은 近乎仁하고 知恥는 近乎勇이니라. 知斯三者則知所以修身이요, 知所以修身則知所以治人이요, 知所以治人則知所以治天下國家矣리라.

○ 공자가 말하기를, "배움을 좋아하는 것은 지에 가깝고 힘써 행하는 것은 인에 가깝고 수치를 아는 것은 용에 가까운 것이다. 이 세 가지를 알면 곧 몸을 닦는 길을 알게 될 것이요, 사람을 다스리는 길을 알면 곧 천하와 국가를 다스리는 길을 알게 될 것이다"

배운다는 것은 공부만을 생각하나, 실은 배운다는 것은 수만 가지이다. 태교에서부터 죽을 때까지 배우는 것이다. 옛말에 젊어서 고생은 사서도 한다고 말한다. 한 가지의 고생에 많은 것을 배운다. 머리가 좋은 사람은 수십 가지를 배울 것이고, 그렇지 않은 사람은 몇 가지만을 배울 것이다.

중용 31강

四. 九經과 政治

凡爲天下國家 有九經하니 曰修身也와 尊賢也와 親親也와 敬大臣也와 體群臣也와 子庶民也와 來百工也와 柔遠人也와 懷諸侯也니라. 修身則道立하고 尊賢則不惑하고 親親則諸父昆弟, 不怨하고 敬大臣則不眩하고 體群臣則士之報禮 重하고 子庶民則百姓이 勸하고 來百工則財用이 足하고 柔遠人則四方이 歸之한다.

○ 무릇 천하와 국가를 다스림에 구경이 있다. 곧 몸을 닦는 것과, 어진 이를 높이는 것과, 어버이를 친히 하는 것과, 대신을 공경함과, 여러 군신을 체찰 하는 것과, 서민을 자식처럼 돌

보는 것과, 모든 공들을 모이게 하는 것과, 먼 곳 사람들을 부드럽게 하는 것과, 제후들을 따르게 만드는 것이다. 몸을 닦으면 곧 도가 서고, 어진 이를 존경하면 의혹지 않게 되고, 친족을 친애하면 제부 형제가 원망하지 않게 되고, 대신들을 공경하면 곧 현혹되지 않게 되고, 여러 신하들을 체찰 하면 곧 선비들의 보례가 무겁게 되고, 서민을 자식처럼 아끼면 곧 백성들이 격려되고, 모든 공장들이 오면 곧 재물의 쓰임이 족하게 되고, 먼 곳 사람들을 부드럽게 하면 곧 사방이 그에게로 귀의하게 되고, 제후들을 따르게 만들면 곧 천하가 그를 두려워하게 된다.

중용 32강

懷諸侯則天下畏之니라 齊明盛服하야 非禮不動은 所以修身也요, 去讒遠色하며 賤貨而貴德은 所以勸賢也요, 尊其位하며 重其祿하며 同其好惡는 所以勸親親也요, 官盛任使는 所以勸大臣也요, 忠信重祿은 所以勸士也요, 時使薄斂은 所以勸百姓也요, 日省月試하야 旣稟稱事는 所以勸百工也요, 送往迎來하며 嘉善而矜不能은 所以柔遠人也요, 繼絶世하며 擧廢國하며 治亂持危하며 朝聘以時하며 厚往而薄來는 所以懷諸侯也니라. 凡爲天下國家 有九經하니 所以行之者는 一也니라.

○ 신체를 명결하게 하고 성복을 갖춰 예가 아니면 움직이지 않는 것은 몸을 닦는 길이다. 참

인을 버리고 여색을 멀리하며 재화를 천히 여기고, 덕을 귀히 여기는 것은 어진 이를 권면하는 길인 것이다. 그의 자리를 높이고, 그의 녹을 무겁게 하며 그의 좋아하고 싫어함을 함께 하는 것은 어버이를 친히 함을 권면하는 길인 것이다.

관속을 많이 두어 마음대로 부리게 함은 대신을 권려하는 길이다. 충후하고 믿음으로 대우해 주고 녹을 무겁게 하는 것은 관인들을 권면하는 길이다. 시기에 맞추어 부리고 부렴을 가벼이 함은 백성들을 권려하는 길이다. 날로 살피고 달로 시험하여 급여하는 것이 일에 어울리게 하는 것은 모든 공장들을 권면하는 길이다. 가는 것을 보내고 오는 것을 맞이하며 잘하는 것을 칭찬해 주고 못하는 것을 불쌍히 여기는 것은 먼 곳 사람들을 부드럽게 하는 길이다.

끊어진 세계를 이어 주고 피폐한 나라를 일으켜 주며, 어지러움을 다스리어 위태로움을 붙잡아 주고 조빙을 정기적으로 하고 그리고 보내 주는 것을 두터이 하고 가져오는 것을 가벼이 함은 제후들을 따르게 만드는 길이다.

 무릇 천하와 국가를 다스리는 데에는 구경이 있으나 그것을 행하게 하는 것은 하나이다.

중용 33강

五. 誠과 道

凡事, 禮則立하고 不豫則廢하나니 言前定則不跲하고 事前定則不困하고 行前定則不疚하고 道前定則不窮이니라. 在下位하야 不獲乎上이며 民不可得而治矣리라. 獲乎上이 有道하니 不信乎朋友면 不獲乎上矣리라. 信乎朋友有道하니 不順好親이며 不信乎朋友矣리라. 順乎親이 有道하니 反諸身不誠이면 不順乎親矣리라. 誠身이 有道하니 不明胡善이며 不誠乎身矣리라.

○ 모든 일은 예비하고 있으면 곧 서고, 예비하고 있지 않으면 폐하나니, 말은 먼저 정해져

있으면 곧 엎어지지 아니하고, 일은 먼저 정해져 있으면 곧 곤란하지 아니하고, 행동은 먼저 정해져 있으면 곧 탈이 나지 아니하고, 도는 먼저 정해져 있으면 궁하게 되지 않는다.

　아랫자리에 있으면서 윗사람에게 신임을 얻지 못하면 백성을 다스릴 수 없게 될 것이다. 위의 신임을 얻는 데에는 도가 있으니, 친구에게 신용이 없으면 위의 신임을 얻지 못할 것이다. 친구에게 신임을 받는 데도 도가 있으니, 어버이에게 효순치 못하면 친구에게 신용을 받지 못할 것이다.

　어버이에게 효순하게 하는 데에도 도가 있으니, 자신을 돌이켜 보아 정정되지 않으면 어버이에게 효순하지 못하게 된다. 자신이 정성되는 데에도 도가 있으니, 선에 밝지 못하면 자신이 정성되지 못할 것이다.

중용 34강

六. 誠과 誠之

誠子는 天池道也요, 誠之者는 人之道也니 誠者는 不勉而中하여 不思而得하여 從容中道하나니 誠人也요, 誠之者는 澤善而固執之者也니라. 博學之하며 審問之하며 愼思之하며 明辨之하며 篤行之니라. 有弗學이언정 學之인댄 弗能을 弗措也하며 有弗問이언정 問之인댄 弗知를 弗措也하며 有弗思언정 思之인댄 弗得을 弗措也하며 有弗辨이언정 辨之인댄 弗明을 弗措也하며 有弗行이언정 行之인댄 弗篤을 弗措也하야 人一能之거든 己百之하며 人十能之거든 己千之니라. 科能此道矣며 雖愚나 必明하며 雖柔나 必强이니라.

○ 성이란 하늘의 도요, 정성되게 하는 것은 사람의 도이다. 정성된 사람은 힘쓰지 않아도 알맞게 되며, 생각하지 않아도 얻게 되어 종용히 도에 알맞은 것이니 성인이다.

정성되게 하는 것은 선을 가리어 굳게 잡는 것이다. 널리 그것을 배우며 자세히 그것을 물으며, 신중히 그것을 생각하며 밝게 그것을 분별하며, 두터이 그것을 행해야 한다.

배우지 않음이 있을지언정 그것을 배우면 능해지지 않고는 그대로 두지 않는다. 묻지 않음이 있을지언정 그것을 생각하면 얻지 않고는 그대로 두지 않는다. 분별하지 아니함이 있을지언정 분별할 바엔 그것을 밝히지 않고서는 그만두지 아니하고, 행하지 아니함이 있을지언정 행할 바엔 독실해지지 않고서는 그만두지 아니하며, 남이 한 번에 능하거든 자신은 백 번을 하고 남이 열 번에 능하거든 자기는 천 번을 할 일이다. 과감히 이에 능하다면 비록 어리석다 하더라도 반드시 밝아질 것이며, 비록 유약한 이라도 반드시 강해질 것이다.

중용 35강

七. 誠과 明
　　칠　　성　　명

自誠明을 謂之誠이요, 自明誠을 謂之敎라 하
자성명　　위지성　　　자명성　　　위지교
니 誠則明矣요, 明則誠矣니라.
　성 즉 명 의　　명 즉 성 의

○ 정성됨으로 말미암아 밝아지는 것을 성이라 말하고, 밝음으로써 말미암아 성해짐을 교라 한다. 정성되면 곧 밝아지고 밝으면 곧 정성된다.

중용 36강

八. 誠과 道

唯天下之誠이라야 爲能盡其誠이니 能盡其性則能盡人之性이요, 能盡人之誠則能盡物之性이요, 能盡物之性則可以贊天地之化育이요, 可以贊天地之化育則可以與天地參矣니라.

○ 오직 천하의 지성됨이라야 그의 성을 다할 수 있는 것이다. 그 성을 다할 수 있으면 곧 사람의 성을 다할 수 있고, 사람의 성을 다할 수 있으면 곧 만물의 성을 다할 수 있고, 만물의 성을 다할 수 있으면 곧 하늘과 땅의 화육을 도울 수 있게 될 것이고, 하늘과 땅의 화육을 도울 수 있게 되면 곧 하늘과 땅과 더불어 함께 참여할 수 있게 된다.

중용 37강

九. 誠과 變化

其次는 致曲이니 曲能有誠이니 誠則形하고 形則著하고 著則明하고 明則動하고 動則變하고 變則化니 唯天下至誠이어야 爲能化니라.

○ 그 다음은 세세한 곳에까지 이르게 하는 것이다. 세세함에도 정성됨이 있을 수 있는 것이니, 정성되면 곧 나타나고, 나타나면 곧 뚜렷해지고, 뚜렷해지면 곧 밝아지고, 밝아지면 곧 움직이고, 움직이면 곧 변하고, 변하면 곧 화하는 것이다. 오직 천하의 지성이고서야 화하게 할 수 있다.

중용 38강

十. 至誠은 곧 神

至誠之道는 可以前知니 國家將興에 必有禎祥하며 國家將亡에 必有妖孽하여 見乎蓍龜하며 動乎四體라. 禍福將至에 善을 必善知之하며 不善을 必先知之니 故로 至誠은 如神이니라.

○ 지성의 도는 앞일을 알 수 있나니 국가가 바야흐로 일어나려 할 때에는 반드시 길조가 있으며, 국가가 망하려 할 때에는 반드시 흉조가 있어 시초점과 거북점에 나타나며 사체에 움직여지는 것이다. 화복이 닥쳐오려 함에는 선함을 먼저 알아보고, 불선을 반드시 먼저 알아보는 것이니 고로 지극한 정성은 신과 같은 것이다.

중용 39강

十一. 誠者의 成
   (십일) (성자) (성)

誠者는 自成也요, 而道는 自道也니라. 誠者는
(성자) (자성야)   (이도) (자도야)   (성자)
物之終始니 不誠이면 無物이니 是故로 君子는
(물지종시) (불성)   (무물)   (시고) (군자)
誠之爲貴니라. 誠者는 非自成己而已也라. 所
(성지위귀)   (성자) (비자성기이이야)   (소
以成物也니 成己는 仁也요, 誠物은 知也니 性
이성물야) (성기) (인야)   (성물) (지야) (성
之德也라. 合內外之道也니 故로 時措之宜也니
지덕야)   (합내외지도야)   (고) (시조지의야)
라.

○ 정성됨이란 자성케 하는 것이요, 도는 스스로가 가게 되는 것이다. 정성이라는 것은 만물의 처음이요, 끝이니 정성됨이 아니라면 만물은 없는 것이다. 그러므로 군자는 정성되는 것을 귀히 여긴다. 성은 자신을 성수시킬 뿐 아니

라 만물을 이루게 하는 까닭이니, 자기를 이루는 것은 인이요, 만물을 이룸은 지로서 성의 덕이니, 안팎을 합치게 하는 도이다. 그러므로 수시로 씀이 마땅하다.

성실함은 하늘의 도이고 성실한 사람은 사람의 도이니 성실히 하려는 자는 선을 택하여 굳게 지키는 것이다. 자신의 정신은 신이다. 자신을 믿는 것은 신을 믿는 것이다. 믿고 기도하고 배워라. 그러면 소원 성취 한다.

중용 40강

十二. 至誠은 끝이 없다

故로 至誠은 無息이니 不息則久하고 久則徵하고 徵則悠遠하고 悠遠則博厚하고 博厚則高明이니라. 博厚는 所以載物也요, 高明은 所以覆物也요, 悠久는 所以成物也니라. 博厚는 配地하고 高明은 配天하고 悠久는 無彊이니라. 如此者는 不見而章하며 不動而變하며 無爲而成이니라.

○ 고로 지성은 그침이 없다. 그치지 않으면 곧 영원하고, 영원하면 곧 징험된다. 징험되면 곧 멀어지고, 멀어지면 곧 넓고 두터워지고, 넓고 두터워지면 곧 높고 밝아진다. 넓고 두터우

면 곧 만물을 싣는 것이요, 높고 밝음은 만물을 덮는 것이요, 오래고 영원함은 만물을 이루게 하는 것이다. 넓고 두터움은 땅에 짝 되고, 높고 밝음은 하늘에 짝 되고, 멀고 오램은 끝이 없는 것이다. 이와 같은 자는 보지 않아도 밝으며, 움직이지 않아도 변하며, 작위하지 않아도 이루어진다.

중용 41강

十三, 天地의 道는 誠一

天地之道(천지지도)는 可一言而盡也(가일언이진야)니 其爲物(기위물)이 不貳(불이)라. 則其生物(즉기생물)이 不測(불측)이니라. 天地之道(천지지도)는 博也厚也高也明也悠也久也(박야후야고야명야유야구야)니라. 今夫天(금부천)이 斯昭昭之多(사소소지다)니 及其無窮也(급기무궁야)하야는 日月星晨(일월성신)이 繫焉(제언)하며 萬物(만물)이 覆焉(복언)이니라. 今夫地(금부지) 一撮土之多(일촬토지다)니 及其廣厚(급기광후)하야는 載華獄而不重(재화옥이부중)하며 振河海而不洩(진하해이불설)하며 萬物(만물)이 載焉(재언)이니라. 今夫山(금부산)이 一券石之多(일권석지다)니 及其廣大(급기광대)하야는 草木(초목)이 生之(생지)하며 禽獸(금수) 居之(거지)하며 寶藏(보장)이 興焉(흥언)이니라. 今夫水(금부수) 一勺之多(일작지다)니 及其不測(급기불측)하야는 黿鼉蛟龍魚鼈(원타교룡어별)이 生焉(생언)하며 貨財(화재), 殖焉(식언)이니라.

○ 하늘과 땅의 도는 한마디로 다할 수가 있으니 그 물건 됨이 두 가지가 아니니, 곧 그 만물을 생성함은 헤아릴 수 없는 것이다. 하늘과 땅의 도는 넓음이요, 두터움이요, 높음이요, 밝음이요, 오래감이요, 영원함이다. 지금 하늘은 작은 빛의 많음이나 그것이 무궁함에 이르러선 일월과 성신이 매여 있으며 만물이 덮여 있다. 지금 땅은 한 줌 흙의 많음이나, 그것이 넓고 두터움에 이르러서는 화산과 악산을 싣고 있으나 무겁지 않으며, 강과 바다를 거두어들이고 있으면서도 새지 아니하며, 만물이 실려 있다. 지금 산은 한 주먹 돌의 많음이나, 그것이 넓고 큼에 이르러서는 풀과 나무가 거기에 자라고, 새와 짐승이 거기에 살며, 묻혀 있는 보배가 발굴된다. 지금 물은 한 국자의 많음이나 그것이 헤아릴 수 없음에 이르러서는 큰 자라,

악어, 교룡, 용, 고기가 살고 있고 재화가 그 속에서 난다.

중용 42강

詩云, 維天之命이 於穆不已라 하니 蓋曰天之
所以爲天也요, 於乎不顯가 文王之德之純이여
하니 蓋曰文王之所以爲文也는 純亦不已니라.

○『시경』에서 이르기를, "하늘의 명은 아아! 아름답기 그지없도다!"라고 했으니, 하늘의 하늘 된 까닭을 말한 것이다. "아아, 뚜렷이 나타나지 않았을까! 문왕의 덕의 순일함이여!"라고 했으니 문왕의 문아한 까닭을 말한 것이요, 순일함 역시 그치지 않았다는 것이다.

하늘의 아름다움을 말로써 표현하기 어려움이여 만물을 창조하신 천인, 영혼, 조상 삼위일체시여 우주만물을 창조하시고 당신과 같은 인간도 창조하심을 수고로우셨다. 천인, 영혼, 조상 삼위일체시여 저에게 슬기와 지혜를 주소서.

중용 43강

五. 聖人과 至誠
(오 성인 지성)

1. 聖人의 道
(성인 도)

大哉라 聖人之道여 洋洋乎發育萬物이야 峻極于天이로다. 優優大哉라 禮儀三百과 威儀三千이로다. 待其人而後에 行이니라 故로 曰, 苟不至德이면 至道不凝焉이라 하니라. 故로 君子는 尊德性而道問學이니 致廣大而盡精微하며 極高明而道中庸하며 溫故而知新하며 敦厚以崇禮니라. 是故로 居上不驕하며 爲下不倍라 國有道에 其言이 足以興이요, 國無道에 其默이 足以容이니 詩曰, 旣明且哲하야 以保其身이라 하니 其此之謂與인저.

○ 위대하다! 성인의 도여! 양양히 만물을 발육게 하여 높고 큼이 하늘에까지 닿았도다. 넉넉히 크도다. 예의삼백이요, 위의는 삼천이라도 그 사람을 기다린 뒤에야 행하여진다. 그러므로 "진실로 지극한 덕이 아니면 지극한 도는 이루어지지 않는다"라고 하였다. 그러므로 군자는 덕성을 높이고 묻고 배우는 길을 가는 것이니, 넓고 큼에 이르되 정미함도 다하며, 높고 밝음을 극하되 중용의 길을 가며, 옛것을 익히어 새것을 알며, 돈후함으로써 예를 높이는 것이다. 그렇기 때문에 윗자리에 있어 교만하지 아니하고, 아랫사람이 되어 배반하지 않아 나라에 도 있을 때엔 그 언론이 일어나기에 족하고, 나라에 도가 없을 때엔 그의 침묵은 용납되기에 족하나니, 『시경』에서 이르기를, "이미 밝고 또 어짊으로써 그 몸을 보전하도다"라고 한

것은 바로 이를 두고 한 말이다.

중용 44강

2. 順_{순응}應하는 것

子曰, 愚而好自用하며 賤而好自專이요, 生乎
_{자왈 우이호자용   천이호자전   생호}
今之世하야 反古之道면 如此者는 災及其身者
_{금지세   반고지도   여차자   재급기신자}
也니라.
_야

  ○ 공자가 말하기를, "어리석으면서 자기 스스로 쓰기를 좋아하며, 천하면서 자전하기를 좋아하며 현재의 세상에 나서 옛날의 도를 어기려 한다면 이러한 사람은 그 재해가 그 몸에 미치게 되리라"

  어리석으면서 제멋대로 하기를 좋아하며, 지금의 시대에서 예부터 내려오는 예절이나 도를 어기려 하면 그런 사람은 재해가 그 몸에 미치게 되리라. 슬기와 지혜는 자신의 신인 정신을 믿고 기도하고 배워라. 배움이란 자신을 믿고 기도하고 배워야 한다. 믿고 기도하고 배우지 않으면 자신의 정신은 잊어버린다.

중용 45강

非天子면 不議禮하며 不制度하며 不考文이니라. 今天下 車同軌하며 書同文하며 行同倫이니라. 雖有其位나 苟無其德이면 不敢作禮樂焉이며 雖有其德이나 苟無其位면 亦無敢作禮樂焉이니라.

○ 천자가 아니면 예를 논하지 못하고, 법도를 제정하지 못하고, 문자를 고정하지 못한다. 이제 천하의 수레는 궤가 같고, 글은 문자가 같으며, 행동은 윤리가 같다. 비록 그 자리는 있더라도 진실로 그러한 덕이 없다면 감히 예락을 만들지 못한다. 비록 그러한 덕은 있으나 진실로 그러한 자리가 없다면 또한 감히 예락을 제정하지 못한다.

중용 46강

子曰, 吾說夏禮나 杞不足徵也이요, 吾學殷禮려니 有宋이 存焉이라 吾學周禮니 今用之라 吾從周니라.

○ 공자가 말하기를 "내 하대의 예를 말하려 하나 기국으로썬 증명하기에 충분하지 못하다. 나는 은 대의 예를 배웠는데 송나라가 존재하고 있을 따름이다. 내 주나라 예를 배웠는데 오늘날 그것이 쓰이고 있으니 내 주나라를 따른다"

예의는 가정에서의 효도로부터 배우는 것이니, 효도하는 집안은 무슨 일을 하여도 다 잘되고 집안이 흥하게 된다. 효도하는 집안은 웃어른 및 부모님을 사랑과 존경으로 받들고 자손에게도 사랑으로 본보기가 되고 부부간에도 존중과 사랑으로 화목을 이루니 그 집안은 예의가 바른 집안이라 할 것이다. 예의가 바른 집안 사람들은 말부터 다르다. 온순하고 고운 말 좋은 말을 쓰고 남을 존중하고 어른을 존경하고 어린이를 사랑하고 부부 사이에 존중과 존중으로 대화하는 것들이 몸에 깃들어 있어서 사회에서도 환영받고 그 집안에서는 인재가 난다.

중용 47강

3. 聖人의 規範
_{성인   규범}

王天下, 有三重焉이면 其寡過矣乎인저. 上焉
_{왕천하   유삼중언   기과과의호   상언}
者는 雖善이나 無徵이니 無徵이라. 不信이요,
_{자   수선   무징   무징   불신}
不信이라. 民弗從이니라. 下焉者는 雖善이나
_{불신   민불종   하언자   수선}
不尊이니 不尊이라 不信이요, 不信이라. 民弗
_{불존   불존   불신   불신   민불}
從이니라. 故로 君子之道는 本諸身하야 徵諸
_{종   고   군자지도   본제신   징제}
庶民하며 故諸三王而不謬하며 建諸天地而不
_{서민   고저삼왕이불류   건저천지이불}
悖하며 質諸鬼神而無疑하며 百世以俟聖人而
_{패   질저귀신이무의   백세이사성인이}
不惑이니라. 質諸鬼神而無疑는 知天也요, 百
_{불혹   질저귀신이무의   지천야   백}
世以俟聖人而不惑은 知人也니라.
_{세이사성인이불혹   지인야}

○ 천하를 다스림에 세 가지 중요한 것이 있으니, 그렇게 하면 과오가 적을 것이다. 위 시대의 것은 비록 훌륭하다 해도 증명할 수가 없

으니 증거가 없으면 믿어지지 않고, 믿기지 않으면 백성들이 따르려 하지 않는다. 아래 시대의 것은 비록 능하다 하더라도 존중되지 않으니, 존중되지 않기 때문에 백성들이 따르지 않을 것이다. 그러므로 군자의 도는 자신에 근본을 두어 백성들에게 증험케 하고, 상왕에 고찰해 보아 그릇됨이 없고, 천지에 세워 보아 거슬리지 않고, 귀신에게 물어보아 의심이 없으며, 백세에 성인을 기다려도 의혹 받지 아니함은 사람을 앎이라.

중용 48강

是故로 君子는 動而世爲天下道니 行而世爲天下法하며 言而世爲天下則이라. 遠之則有望이요, 近之則不厭이니라.
時云, 在彼無惡하며 在此無射이라. 庶幾夙夜하야 以永終譽라 하니 君子未有不如此而蚤有譽於天下者也니라.

○ 그러므로 군자는 움직이면 세세로 천하의 도가 되니 행하면 세세로 천하의 법도가 되고, 말하면 세세로 천하의 준칙이 되니라. 멀리 있으면 바람을 두고, 가까이 있으면 곧 싫어하지 않는다. 『시경』에서 이르기를 "제서도 미워하지 않고 예서도 미워하는 이 없어 새벽부터 밤까지 일하며 명예 길이 하리로다" 하니 군자는

이와 같이 아니하고 일찍 천하에 영예를 누린 사람은 있지 않다.

중용 49강

4. 孔子의 道
(공자) (도)

仲尼는 祖述堯舜하시고 憲章文武하시며 上律
(중니) (조술요순) (헌장문무) (상률)
天時하시고 下襲水土하시니라. 避如天地之無
(천시) (하습수토) (벽여천지지무)
不待載하며 無不覆幬하며 避如四時之錯行하
(불대재) (무불부도) (벽여사시지착행)
며 如日月之代明이니라.
(여일월지대명)

○ 중니는 요와 순을 조종으로 이어받고, 문왕과 무왕의 법도를 밝혔으며, 위로 천시를 법으로 따르고 아래로는 수토의 이치를 좇았다. 비유하면 마치 하늘과 땅이 잡아 주고 실어 주고 하지 않음이 없고, 덮어 주고 감싸 주고 하지 않음이 없음과 같으며, 비유하면 사철의 엇바뀜과 같고 일월이 교대로 비침과 같다.

중용 50강

5. 큰 德(덕)과 작은 德(덕)

萬物(만물)이 竝育而不相害(병육이불상해)하면 道竝行而不相悖(도병행이불상패)라.
小德(소덕)은 川流(천류)요, 大德(대덕)은 敦化(돈화)니 此天地之所以(차천지지소이)
爲大也(위대야)니라.

○ 만물은 같이 커도 서로 해되지 않으며, 도는 같이 행해져도 거슬리지 않는다. 작은 덕은 개울처럼 흐르고, 큰 덕은 두텁게 교화시키니 이것이 천지가 위대한 이유이다. 우주 만물은 위대하고 끝이 없도다. 사람의 정신의 신은 태고부터 있어, 우주 만물을 창조하시고 인간도 창조하시었다.

그리하여 인간이 죽으면 영혼, 조상, 천인의 삼위일체가 된다. 그러므로 삼위일체는 나의 정신이고 나의 신이다. 신을 믿고 신에게 기도하고 배워라. 그러면 만물을 창조하신 삼위일체의 슬기와 지혜를 얻을 것이다.

중용 51강

6. 聖의 德化^{성 덕화}

唯天下至聖이어야 爲能聰明睿知, 足以有臨也니 寬裕溫柔, 足以有容也며 發强剛毅, 足以有執也 齊莊中正이 足以有敬也며 文理密察이 足以有別也니라. 溥博淵泉하야 而時出之니라. 溥博은 如泉하고 淵泉은 如淵이라.

　○ 오직 천하의 지성이어야 총명하고 예지가 넉넉히 일할 수 있나니 관유하고 부드러움은 포용이 있기에 족하고, 강하고 굳셈은 고집함이 있기에 족하고, 장중하고 중정함으로써 공경함이 있기에 족하고, 조리 있고 세밀히 관찰함으로써 분별이 있기에 족하다. 널리 넓고 깊은 근원이 있어서 수시로 나타난다. 두루 넓음

은 하늘 같고, 깊은 근원이 있음은 심연 같다. 보임에 백성들이 공경하지 않은 이 없고, 말하면 백성들은 믿지 않는 이 없고, 행함에 백성들은 기뻐하지 않는 이 없다. 이로써 명성이 중국에 넘쳐서 오랑캐 지역에까지 뻗쳐서 배와 수레 이르는 곳과 사람의 힘이 통하는 곳, 땅이 덮여 있는 곳, 땅이 실어 있는 곳과 일월이 비치는 곳, 서리와 이슬이 내리는 곳의 모든 혈기가 있는 사람들은 높이고 친해지지 않는 이가 없나니, 고로 하늘에 짝된다고 한 것이다.

중용 52강

五. 聖人과 至誠
   오 성인   지성

7. 至誠의 經綸
   지성   경륜

唯天下至誠이어야 爲能經綸天下之大經하며 立天下之大本하며 知天地之化育이니 夫焉有所倚리요, 肫肫其仁이며 淵淵其淵이며 浩浩其天이니라. 苟不固聰明聖知達天德者면 其孰能知之리오.

○ 오직 천하의 지성이어야 천하의 큰 경을 경륜할 수 있으며, 천하의 대본을 세울 수 있으며, 하늘과 땅의 화육을 알 수 있다. 어찌 달리 의지하는 데가 있겠는가? 지성 된 그 인, 그 깊음은 심연하며 그 하늘은 넓디넓다. 진실로 총명

하고 성지가 있어 천덕에 도달한 자가 아니고야 그 누가 그런 것을 알 수 있겠는가?

중용 53강 上

8. 聖人君子의 內的充實
   성인군자 내적충실

詩云, 衣錦尙絅이라 하니 惡其文之著也라. 故
시운 의금상경   오기문지저야   고
로 君子之道는 闇然而日章하고 小人之道는 的
   군자지도 암연이일장   소인지도   적
然而日亡하나니 君子之道는 淡而不厭하며 簡
연이일망   군자지도   담이부염   간
而文하며 溫而理니 知遠之近하며 知風之自하
이문   온이리   지원지근   지풍지자
며 知微之顯이면 可與入德矣리라. 詩云, 潛雖
   지미지현   가여입덕의   시운 잠수
伏矣나 亦孔之昭라 하니 故로 君子는 內省不
복의   역공지소   고   군자   내성불
疚하야 無惡於志니 君子之所不可及者는 其唯
구   무오어지   군자지소불가급자   기유
人之所不見乎인저.
인지소불현호

○『시경』에서 이르기를 "비단옷을 입고, 홑 겉옷을 걸치었다"라고 했으니 그 문채의 드러남을 꺼려한 것이다. 그러므로 군자의 도는 어둑어둑하면서도 날로 빛나 오고, 소인의 도는

뚜렷하면서도 날로 사그라지는 것이다. 군자의 도는 암담하되 싫지 않고, 간결하면서도 문채가 있으며, 온화하면서 조리가 있다. 먼 것의 가까움으로부터 함을 알고, 바람이 불어오는 곳이 있음을 알며, 적고 세밀함의 뚜렷해짐을 알면 가히 함께 덕으로 들어갈 수 있을 것이다. 『시경』에서 이르기를, "잠기어 비록 보이진 않지만 또한 매우 밝고 현저하다"라고 했다. 그러므로 군자는 내면을 반성하여도 병 되지 아니하며 스스로 부끄럽지 않으니, 군자에게 미칠 수 없는 것은 바로 사람들이 보지 못하는 곳이다.

중용 53강 下

詩云, 相在爾室혼대 尙不愧于屋漏라 하니 故로 君子는 不動而敬하며 不言而信이니라. 詩云, 奏假無言하야 時靡有爭이라 하니 是故로 君子는 不賞而民勸하며 不怒而民威於鈇鉞이니라.

○『시경』에서 이르기를, "네가 방에 있음을 본대로 방구석에도 부끄럽지 않아야 한다"라고 했다. 그러므로 군자는 움직이지 않아도 공경하며, 말하지 않아도 믿어진다.『시경』에서 이르기를, "나아가 신께 말이 없으매 그때에 아무도 다툼이 없도다"라고 했다. 그러므로 군자는 상 주지 않아도 백성들이 스스로 권면하며, 화내지 않아도 백성들은 도끼보다 더 두려워한다.

군자는 다른 사람이 안 본다고 하여도 여러 사람이 보는 것과 같이 몸가짐을 해야 하며, 방 안에 홀로 있다고 하여도 스스로 부끄럽지 않아야 한다. 자신의 정신 신을 믿고 기도하고 배워라. 자기 신을 믿고 기도하고 배우면 자신을 알게 되며 자신을 알아서 행동하면 모든 일이 순조롭게 된다.

중용 54강

九. 聖人君子의 化平
_{구 성인군자 화평}

詩云, 不顯惟德을 百辟其刑之라. 是故로 君子는 篤恭而天下平이니라.
_{시운 불현유덕 백벽기형지 시고 군자 독공이천하평}

○『시경』에서 이르기를, "크게 밝은 덕을 제후들이 그대로 본받도다"라고 했다. 그러므로 군자는 독실하고 공경함에 천하가 화평해진다.

詩云, 予懷明德의 不大聲以色이라. 子曰, 聲色之於以化民에 末也라. 詩云, 德輶如毛라 하니 毛猶有倫이니라. 上天下之載 無聲無臭라 하니 知矣니라.
_{시운 여회명덕 부대성이색 자왈 성색 지어이화민 말야 시운 덕유여모 모유유륜 상천하지재 무성무취 지의}

○ 『시경』에서 이르기를, "밝은 덕을 그리나니 성과 색은 크게 하지 않음을 생각하노라"라고 했다. 공자가 말하기를 "성색은 백성을 교화시킴에 있어 말단이다"라고 하였다. 『시경』에서 이르기를 "덕은 가볍기가 터럭과 같다"라고 하였는데, 터럭은 그대로 비교될 데가 있다. "상천의 일은 소리도 없고 냄새도 없다"라고 했으니 지당하다.